Hinter dem Sachregister befindet sich ein ausführliches Verzeichnis der

Guttentagschen Sammlung

Deutscher Reichs- und Preußischer Gesetze

— Textausgaben mit Anmerkungen; Taschenformat —,

die alle wichtigeren Gesetze in unbedingt zuverlässigem Abdruck und mit mustergültiger Erläuterung wiedergibt.

Guttentagsche Sammlung
von
Textausgaben ohne Anmerkungen mit Sachregister.

Erbschaftssteuergesetz.

Vom 10. September 1919.

Textausgabe mit Sachregister.

Berlin und Leipzig 1919.
Vereinigung wissenschaftlicher Verleger
Walter de Gruyter & Co.
vormals G. J. Göschen'sche Verlagshandlung — J. Guttentag, Verlagsbuchhandlung — Georg Reimer — Karl J. Trübner — Veit & Comp.

Inhaltsübersicht.

Erbschaftssteuergesetz.

Vom 10. September 1919 (RGBl. S. 1543).

Die verfassunggebende Deutsche Nationalversammlung hat das folgende Gesetz beschlossen, das nach Zustimmung des Reichsrats hiermit verkündet wird:

§ 1.

Der Besteuerung nach den Vorschriften dieses Gesetzes unterliegen

1. der Nachlaß eines Verstorbenen (Nachlaßsteuer),
2. der Erwerb von Todes wegen (Erbanfallsteuer),
3. Schenkungen unter Lebenden (Schenkungssteuer).

I. Teil.

Steuerpflicht.

I. Abschnitt.

Nachlaßsteuer.

§ 2.

Als Nachlaß gilt das gesamte Vermögen des Verstorbenen, das bei seinem Tode vorhanden ist, einschließlich des Vermögens, das er als Vorerbe hatte.

Das zu einem Hausgut, Fideikommiß, Lehen oder Stammgut gehörige oder sonstige auf Grund von landesgesetzlichen Vorschriften (Art. 57, 58, 59 des Einführungsgesetzes zum Bürgerlichen Gesetzbuch) gebundene Vermögen gilt als Nachlaß des verstorbenen Inhabers.

§ 3.

Als Vermögen im Sinne des § 2 gelten:

1. Grundstücke, einschließlich des Zubehörs (Grundvermögen);
2. das dem Betriebe der Land- oder Forstwirtschaft, des Bergbaues oder eines Gewerbes dienende Vermögen (Betriebsvermögen);
3. das gesamte sonstige Vermögen, das nicht Grund- oder Betriebsvermögen ist (Kapitalvermögen).

§ 4.

Den Grundstücken (§ 3 Nr. 1) stehen gleich Berechtigungen, auf welche die Vorschriften des bürgerlichen Rechtes über Grundstücke Anwendung finden.

§ 5.

Zum Betriebsvermögen (§ 3 Nr. 2) gehören alle dem Unternehmen gewidmeten Gegenstände.

Als Betriebsvermögen gelten auch aus dem Betriebe herrührende und andere Vorräte, die zur Weiterveräußerung bestimmt sind.

§ 6.

Als Kapitalvermögen (§ 3 Nr. 3) kommen insbesondere, soweit die einzelnen Vermögensgegenstände nicht unter § 3 Nr. 1, § 4 oder unter § 3 Nr. 2, § 5 fallen, in Betracht:

1. selbständige Rechte und Gerechtigkeiten;
2. verzinsliche und unverzinsliche Kapitalforderungen jeder Art;
3. Aktien oder Anteilscheine, Kuxe, Geschäftsguthaben bei Genossenschaften, Geschäftsanteile und andere Gesellschaftseinlagen;
4. bares Geld deutscher Währung, fremde Geldsorten, Banknoten und Kassenscheine sowie Gold und Silber in Barren;
5. der Kapitalwert vererblicher Rechte auf Renten und andere wiederkehrende Nutzungen und Leistungen, die dem Erblasser entweder vertragsmäßig als Gegenleistung für die Hingabe von Vermögenswerten oder aus letztwilligen Verfügungen, Schenkungen oder Familienstiftungen oder vermöge hausgesetzlicher Bestimmungen zustanden;
6. noch nicht fällige Ansprüche aus Lebens- und Kapitalversicherungen oder Rentenversicherungen, aus denen der Berechtigte noch nicht in den Rentenbezug eingetreten war. Als Kapitalversicherung gilt jede Versicherung, auf Grund deren dem Versicherten unter allen Umständen eine Kapitalauszahlung gewährleistet ist.

§ 7.

Als steuerbares Vermögen gelten nicht

1. Hausrat und andere nicht unter § 6 fallende bewegliche körperliche Gegenstände, sofern sie nicht als Zubehör eines Grundstücks* (§ 3 Nr. 1, § 4) oder als Bestandteil eines Betriebsvermögens (§ 3 Nr. 2, § 5) anzusehen sind und soweit ihr Wert den Betrag von 50000 Mark nicht übersteigt;
2. nicht zur Veräußerung bestimmte bewegliche körperliche Gegenstände, die geschichtlichen oder kunstgeschichtlichen oder wissenschaftlichen Wert haben und die sich seit mindestens zwanzig Jahren im Besitz der Familie des Erblassers befinden, sofern sie nach näherer behördlicher Anweisung den Zwecken der Forschung und Volksbildung nutzbar gemacht werden. Werden solche Gegenstände innerhalb zehn Jahren nach dem Erbfall veräußert, so tritt die Steuerbefreiung außer Kraft.

§ 8.

Dem Nachlaßvermögen ist hinzuzurechnen:

1. was auf Grund eines vom Erblasser geschlossenen Vertrags unter Lebenden von einem Dritten mit dem Tode des Erblassers unmittelbar erworben wird;
2. was vom Erblasser in Vollziehung einer Schenkung dem Beschenkten unter der Bedingung, daß dieser den Erblasser überlebt, unter Lebenden zugewendet worden ist;

3. was vom Erblasser mit der Bestimmung geschenkt worden ist, daß ihm für die Lebensdauer an dem geschenkten Gegenstande der Nießbrauch zustehen soll.

Die infolge des Erbfalls durch Vereinigung von Recht und Verbindlichkeit oder von Recht und Belastung erloschenen Rechtsverhältnisse gelten als nicht erloschen.

§ 9.

Versicherungsbeträge aus Versicherungen auf den Todesfall, welche der Versicherungsnehmer zugunsten des Reichs lediglich zur Berichtigung von Nachlaß- und Erbanfallsteuer aufgenommen hat, bilden zur Hälfte keinen Teil des steuerpflichtigen Nachlasses.

§ 10.

Von dem Nachlaßvermögen sind abzuziehen:

1. die vom Erblasser herrührenden Schulden.

   Nicht abzugsfähig sind Schulden und Lasten, die in wirtschaftlicher Beziehung zu nicht steuerbaren Vermögensteilen stehen. Beschränkt sich die Besteuerung auf das inländische Grund- und Betriebsvermögen (§ 14 Nr. III), so sind nur die in einer wirtschaftlichen Beziehung zu diesen Vermögensteilen stehenden Schulden und Lasten abzugsfähig;
2. die Kosten der Bestattung des Erblassers einschließlich der Kosten der landesüblichen kirchlichen und bürgerlichen Leichenfeierlich-

keiten und der Kosten eines angemessenen Grabdenkmals;

3. die im Falle der Todeserklärung des Erblassers dem Nachlaß zur Last fallenden Kosten des Verfahrens;
4. die Kosten der Eröffnung einer Verfügung des Erblassers von Todes wegen, die gerichtlichen und außergerichtlichen Kosten der Regelung des Nachlasses, die Kosten der gerichtlichen Sicherung des Nachlasses, einer Nachlaßpflegschaft, des Aufgebots der Nachlaßgläubiger und der Inventarerrichtung;
5. die Kosten eines für den Nachlaß geführten Rechtsstreits.

§ 11.

Als Nachlaßverbindlichkeit gilt nicht,

1. was auf Grund eines vom Erblasser unter der Bedingung, daß der Beschenkte den Schenker überlebt, oder daß die Vollziehung der Schenkung bis zum Tode des Erblassers ausgesetzt sein soll, erteilten Schenkungsversprechens, oder was auf Grund eines vom Erblasser schenkweise unter dieser Bedingung erteilten Schuldversprechens oder Schuldanerkenntnisses er in den §§ 780, 781 des Bürgerlichen Gesetzbuchs bezeichneten Art aus dem Nachlaß zu leisten ist;
2. die Nachlaßsteuer. Soweit sich das Vermögen im Ausland befindet, kommt jedoch auf Antrag die in dem ausländischen Staate

erweislich hierfür gezahlte Erbschaftssteuer als Nachlaßverbindlichkeit in Abzug.

§ 12.

Im Falle der Fortsetzung der ehelichen Gütergemeinschaft (§§ 1483ff., 1557 des Bürgerlichen Gesetzbuchs, Artikel 200 des Einführungsgesetzes zum Bürgerlichen Gesetzbuch) ist der Anteil des verstorbenen Ehegatten am Gesamtgut Gegenstand der Nachlaßsteuer in gleicher Weise, wie wenn er zum Nachlaß gehörte.

Im Falle des Todes eines anteilsberechtigten Abkömmlings gehört dessen Anteil am Gesamtgut zu seinem Nachlaß.

Soweit nach dem bestehenden Anerbenrechte bei der ungeteilten Erbengemeinschaft hinsichtlich eines Bauernguts das Recht eines Miterben zugunsten der übrigen Miterben erlischt, tritt keine neue Nachlaßbesteuerung ein.

§ 13.

Übersteigt der Gesamtwert des Nachlasses nicht den Betrag von zweihunderttausend Mark, so bleiben die ersten zwanzigtausend Mark frei von der Nachlaßsteuer.

§ 14.

Die Steuerpflicht tritt ein

I. für den gesamten Nachlaß,
wenn der Erblasser zur Zeit seines Todes ein Deutscher war;

II. für den gesamten Nachlaß mit Ausnahme des ausländischen Grund- und Betriebsvermögens sowie von Nutzungsrechten an einem solchen Vermögen,
wenn der Erblasser zur Zeit seines Todes ein Ausländer war und einen Wohnsitz oder in Ermangelung eines Wohnsitzes seinen dauernden Aufenthalt im Inland hatte;

III. für den in inländischem Grund- oder Betriebsvermögen oder in einem Nutzungsrecht an einem solchen Vermögen bestehenden Nachlaß ohne Rücksicht auf Staatsangehörigkeit, Wohnsitz oder Aufenthalt des Erblassers.

§ 15.

Die Nachlaßsteuer beträgt

für die ersten angefangenen oder vollen 200 000 Mark des steuerpflichtigen Nachlaßvermögens 1 vom Hundert,

für die nächsten angefangenen oder vollen 300 000 Mark 2 vom Hundert,

für die nächsten angefangenen oder vollen 500 000 Mark 3 vom Hundert,

für die nächsten angefangenen oder vollen 1 000 000 Mark 4 vom Hundert,

für die weiteren Beträge 5 vom Hundert.

§ 16.

Wenn das Vermögen, das der Verstorbene als Vorerbe hatte (§ 2 Abs. 1), anderen Personen anfällt als sein sonstiges Vermögen, so ist die Nachlaßsteuer für beide Vermögensmassen gesondert zu berechnen. Das Gleiche gilt für den Fall, daß gebundenes Vermögen (§ 2 Abs. 2) anderen Personen anfällt als den Erben des Verstorbenen.

§ 17.

Die Nachlaßsteuer ist aus dem Nachlaß zu entrichten. Was der Verstorbene als Vorerbe hatte (§ 2 Abs. 1), gilt im Sinne dieser Vorschrift als besonderer Nachlaß. Im Falle des § 2 haften nur der Nacherbe und der Erwerber des gebundenen Vermögens für die Nachlaßsteuer; § 31 findet Anwendung.

Sind Zuwendungen der im § 8 bezeichneten Art dem Nachlaß hinzuzurechnen, so haften die Erwerber der Zuwendung oder ihre Erben nach dem Verhältnis des Wertes der Zuwendung zum reinen Werte des Gesamtnachlasses für die Nachlaßsteuer insoweit, als diese nicht aus dem Nachlaß erlangt werden kann.

In den Fällen des § 12 ist die Steuer, soweit sie auf das Gesamtgut entfällt, von dem überlebenden Ehegatten zu Lasten des Gesamtguts zu entrichten.

Der Erbe ist berechtigt, bei der Erfüllung von Pflichtteilsansprüchen und, sofern nicht ein anderer Wille des Erblassers anzunehmen ist, bei der Auszahlung von Vermächtnissen und der Erfüllung von Auflagen von den Erwerbern anteilmäßigen Ersatz der Nachlaßsteuer zu verlangen. Das Gleiche gilt für den Vermächtnisnehmer wegen der ihm auferlegten Beschwerungen.

§ 18.

Die im Falle des Todes eines Ehegatten auf den Anteil des überlebenden Ehegatten entfallende Nachlaßsteuer wird nach dessen Tode auf die von den gemeinschaftlichen Abkömmlingen zu entrichtende Nachlaßsteuer angerechnet, wenn der erste Erbfall nicht mehr als zehn Jahre hinter dem zweiten zurückliegt. Liegt er mehr als zehn, aber nicht mehr als fünfzehn Jahre zurück, so wird die Hälfte der Nachlaßsteuer angerechnet.

§ 19.

Haben Erben, gesetzliche Vertreter, Bevollmächtigte des Erben, Erbschaftsbesitzer (§ 2018 des Bürgerlichen Gesetzbuchs), Testamentsvollstrecker, Nachlaßpfleger oder Nachlaßverwalter den Nachlaß oder Teile desselben vor der Berichtigung oder Sicherstellung der Steuer anderen ausgeantwortet, so haften letztere in Höhe des aus der Erbschaft Empfangenen persönlich für die Steuer, es sei denn, daß sie zur Zeit der Ausantwortung in gutem Glauben sind. Sie sind nicht in gutem Glauben, wenn ihnen bekannt oder infolge grober Fahrlässigkeit unbekannt ist, daß die Nachlaßsteuer weder berichtigt noch sichergestellt ist.

Versicherungsunternehmungen, die vor Berichtigung oder Sicherstellung der Steuer die von ihnen auf den Todesfall zu zahlenden Versicherungssummen oder Leibrenten in das Ausland zahlen, haften in der Höhe der ausgeantworteten Beträge für die Steuer. Das Gleiche gilt für Personen, in deren Gewahrsam sich Vermögen des Erblassers befindet, soweit sie das Vermögen vor Berichtigung oder Sicherstellung der Steuer in das Ausland bringen.

II. Abschnitt.

Erbanfallsteuer.

§ 20.

Als Erwerb von Todes wegen (§ 1 Nr. 2) gilt

1. der Erwerb durch Erbanfall, durch Vermächtnis (§§ 2147ff. des Bürgerlichen Gesetzbuchs) oder auf Grund eines geltend gemachten Pflichtteilsanspruchs;
2. der Erwerb auf Grund einer Nachfolge in ein Hausgut, Lehen, Fideikommiß oder Stammgut oder in ein sonstiges gebundenes Vermögen;
3. der Erwerb durch Schenkung auf den Todesfall (§ 2301 des Bürgerlichen Gesetzbuchs) sowie jeder andere Erwerb, auf den die für Vermächtnisse geltenden Vorschriften des bürgerlichen Rechtes Anwendung finden;
4. der Erwerb, der infolge der Vollziehung einer durch Verfügung von Todes wegen angeordneten Auflage oder infolge der Bewirkung einer Leistung, von welcher der Erblasser einen Erwerb von Todes wegen abhängig gemacht hat, oder, sofern der Erwerb der Genehmigung einer Behörde bedarf, infolge der Vollziehung einer Anordnung dieser Behörde erlangt ist;

5. Bezüge aus Familienstiftungen, sofern sie infolge Todesfalls an den stiftungsmäßig oder gesetzlich dazu Berufenen gelangen, sowie der Erwerb des Vermögens einer solchen Stiftung, sofern das Vermögen infolge Erlöschens der Stiftung an die stiftungsmäßig oder gesetzlich dazu Berufenen gelangt.

   Familienstiftungen sind solche Stiftungen, die wesentlich im Interesse einer Familie oder bestimmter Familien gemacht sind, wenn auch vorübergehend oder ausnahmsweise Bezüge an andere Personen gelangen können;
6. der Erwerb von Vermögensvorteilen, der auf Grund eines vom Erblasser geschlossenen Vertrags unter Lebenden von einem Dritten mit dem Tode des Erblassers unmittelbar gemacht wird;
7. was als Abfindung für einen Verzicht auf den entstandenen Pflichtteilsanspruch oder für die Ausschlagung einer Erbschaft oder eines Vermächtnisses gewährt wird.

In den Fällen der Nummer 2, 5 ist im Sinne dieser Vorschriften als Erblasser der zuletzt Berechtigte anzusehen.

§ 21.

Im Falle der Fortsetzung der ehelichen Gütergemeinschaft (§§ 1483ff., 1557 des Bürgerlichen Gesetzbuchs, Artikel 200 des Einführungsgesetzes zum Bürgerlichen Gesetzbuch) findet § 12 entsprechende Anwendung.

§ 22.

Der Erwerber auf Grund einer Nachfolge in ein Hausgut, Lehen, Fideikommiß oder Stammgut, oder in ein sonstiges gebundenes Vermögen wird als Nießbraucher behandelt.

§ 23.

Bei der Einsetzung eines Nacherben (§§ 2100ff. des Bürgerlichen Gesetzbuchs) wird der Vorerbe als Nießbraucher, der Nacherbe als Erbe des herauszugebenden Vermögens behandelt.

Ist die Einsetzung des Nacherben auf dasjenige beschränkt, was beim Tode des Vorerben noch vorhanden sein wird, so haben sowohl der letztere von dem vollen Betrage des Erwerbes, als der Nacherbe von dem vollen Betrage des an ihn herauszugebenden Vermögens nach ihrem Verhältnis zum Erblasser die Steuer zu entrichten. Die von dem Vorerben entrichtete Steuer wird für den Teil der Erbschaft, für den der Nacherbe steuerpflichtig ist, auf Antrag dem Nacherben insoweit erstattet, als sie den Betrag übersteigt, den der Vorerbe als Nießbraucher geschuldet haben würde. Diese Vorschriften finden auch Anwendung, wenn der Vorerbe zur freien Verfügung berechtigt ist.

Dem Falle der Nacherbfolge steht der Fall des Nachvermächtnisses gleich.

Wenn bei einem bäuerlichen Anerbengute zunächst eine ungeteilte Erbengemeinschaft eintritt, so gilt als Erwerb für die einzelnen Erben der Erbanfall mit der Maßgabe, daß es so angesehen wird, als wenn die Erbauseinandersetzung zugleich mit diesem stattgefunden hätte.

§ 24.

Die Steuerpflicht tritt ein

I. für den gesamten Erbanfall,

1. a) wenn der Erwerber ein Deutscher ist, es sei denn, daß er sich seit länger als drei Jahren dauernd im Ausland aufgehalten hat, ohne einen Wohnsitz im Inland zu haben, oder Auslandsdeutscher im Sinne des § 20 Abs. 1 Nr. 3 des Gesetzes gegen die Steuerflucht vom 26. Juli 1918 (Reichs-Gesetzbl. S. 951) ist. Die Ausnahme findet keine Anwendung auf Reichs- und Staatsbeamte, die im Ausland ihren dienstlichen Wohnsitz haben. Wahlkonsuln gelten nicht als Beamte im Sinne dieser Vorschrift;

   b) wenn der Erwerber ein Ausländer ist, der im Deutschen Reiche einen Wohnsitz oder in Ermangelung eines Wohnsitzes seinen dauernden Aufenthalt hat;

   c) wenn der Erwerber eine juristische Person oder eine sonstige Personenvereinigung ist, die ihren Sitz im Inland hat;

2. wenn der Erblasser zur Zeit seines Todes ein Deutscher war;

3. wenn der Erwerber ein Deutscher ist und der Erblasser Ausländer war, aber zur Zeit seines Todes im Inland einen Wohnsitz oder seinen dauernden Aufenthalt hatte;

II. für den gesamten Erbanfall, jedoch mit Ausnahme des ausländischen Grund- oder Betriebsvermögens und von Nutzungsrechten an einem solchen Vermögen, wenn der Erwerber ein Ausländer ist und der Erblasser zur Zeit seines Todes ein Ausländer war, aber einen Wohnsitz oder seinen dauernden Aufenthalt im Inland hatte;

III. für den Erbanfall, der in inländischem Grund- oder Betriebsvermögen oder in einem Nutzungsrecht an einem solchen Vermögen besteht, in allen anderen Fällen.

§ 25.

Die Erbanfallsteuer wird von dem Betrage berechnet, um den der Erwerber durch den Erbanfall bereichert ist.

§ 8 Abs. 2, § 10 dieses Gesetzes finden Anwendung. Verbindlichkeiten aus Pflichtteilsrechten können von dem Betrage des steuerpflichtigen Anfalls nur insoweit abgezogen werden, als der

Anspruch auf den Pflichtteil geltend gemacht ist. Die Erbanfallsteuer wird nicht abgezogen.

Ist eine Zuwendung unter einer Auflage gemacht, die in Geld veranschlagt werden kann, so ist die Zuwendung nur insoweit steuerpflichtig, als sie den Wert der Leistung des Beschwerten übersteigt.

Hat der Erwerber nach Vollendung des 15. Lebensjahrs im Betriebe des Erblassers ohne Barlohn Dienste geleistet und dadurch eine fremde Arbeitskraft erspart, so wird auf Antrag für jeden Monat der regelmäßig geleisteten Dienstzeit der zehnfache Betrag des am Sitze des Erblassers festgesetzten Ortslohns von dem Erbanfall abgezogen.

§ 26.

Die Erbanfallsteuer wird nach dem persönlichen Verhältnisse des Erwerbers zu dem Erblasser in folgenden sechs Klassen erhoben:

I. Klasse.

1. Der Ehegatte und die ehelichen Kinder des Erblassers mit Ausnahme der an Kindes Statt angenommenen Personen, ferner diejenigen Kinder, welchen die rechtliche Stellung ehelicher Kinder zukommt, sowie die eingekindschafteten Kinder, sofern diesen die rechtliche Stellung ehelicher Kinder zukommt,
2. die unehelichen Kinder der Mutter und die vom Vater anerkannten unehelichen Kinder.

II. Klasse.

Die Abkömmlinge der zu I bezeichneten Kinder.

III. Klasse.

1. Die Eltern,
2. die voll- und halbbürtigen Geschwister.

IV. Klasse.

1. Die Großeltern und die entfernteren Voreltern,
2. die Abkömmlinge ersten Grades von Geschwistern,
3. die Schwieger- und Stiefeltern,
4. die Schwieger- und Stiefkinder,
5. die an Kindes Statt angenommenen Personen und diejenigen ihrer Abkömmlinge, auf welche sich die Wirkung der Annahme an Kindes Statt erstreckt, soweit sie nicht in die I., II. oder III. Klasse gehören.

V. Klasse.

1. Die Abkömmlinge zweiten Grades von Geschwistern,
2. die Geschwister der Eltern,
3. die Verschwägerten zweiten Grades der Seitenlinie.

VI. Klasse.

Alle übrigen Erwerber, soweit es sich nicht um einen Erwerb der im § 35 bezeichneten Art handelt.

Im Falle des Eintritts einer Nacherbfolge ist für die Berechnung der Steuer das Verhältnis des

Nacherben zum Vorerben maßgebend, wenn dieser dem Grade nach ihm näher ist als der Erblasser.

Im Falle des § 2269 des Bürgerlichen Gesetzbuchs und soweit der überlebende Ehegatte an die Verfügung gebunden ist, sind die mit dem verstorbenen Ehegatten näher verwandten Erben und Vermächtnisnehmer als seine Erben anzusehen, soweit sein Vermögen beim Tode des überlebenden Ehegatten noch vorhanden ist.

§ 27.

Steuerpflichtig ist nur der den Betrag von fünfhundert Mark übersteigende Teil des Erwerbes.

Ein Erwerb, der anfällt einer der zur Steuerklasse I, II, III 1, IV 1, 5 gehörenden Personen, unterliegt nur insoweit der Steuer, als er den Betrag von fünftausend Mark übersteigt.

§ 28.

Die Erbanfallsteuer beträgt	in der Steuerklasse I vom Hundert	II	III	IV	V	VI
für die ersten angefangenen oder vollen 20000 Mark des steuerpflichtigen Erwerbes	4	5	6	8	10	15
für die nächsten angefangenen oder vollen 30000 Mark . .	5	6	8	10	12	20
für die nächsten angefangenen oder vollen 50000 Mark . .	6	8	10	12	15	25
für die nächsten angefangenen oder vollen 50000 Mark . .	8	10	12	15	20	30

	in der Steuerklasse					
	I	II	III	IV	V	VI
	vom Hundert					
für die nächsten angefangenen oder vollen 50000 Mark . .	10	12	15	20	25	35
für die nächsten angefangenen oder vollen 100000 Mark. .	12	15	20	25	30	40
für die nächsten angefangenen oder vollen 200000 Mark. .	15	20	25	30	35	45
für die nächsten angefangenen oder vollen 250000 Mark. .	20	25	30	35	40	50
für die nächsten angefangenen oder vollen 250000 Mark. .	25	30	35	40	45	55
für die nächsten angefangenen oder vollen 500000 Mark. .	30	35	40	45	50	60
für die weiteren Beträge . . .	35	40	45	50	60	70

Die Steuer erhöht sich um je eins vom Hundert ihres Betrags, und zwar, soweit das zur Zeit des Erbanfalls bereits vorhandene Vermögen des Erwerbers 100000 Mark, aber nicht 200000 Mark übersteigt, für je angefangene 10000 Mark, soweit das vorhandene Vermögen 200000 Mark übersteigt, für je angefangene 20000 Mark. Der Zuschlag darf die Hälfte des 100000 Mark übersteigenden Betrags des vorhandenen Vermögens nicht übersteigen. Er darf ferner nicht mehr betragen als 100 vom Hundert der Steuer. Der Gesamtbetrag der Erbschaftssteuer darf nicht höher sein als 90 vom Hundert des Erwerbs.

Bei einem Erwerb, der vor dem 1. April 1935 anfällt, wird die Steuer für jedes volle Jahr bis 1. April 1925 zurück um 1 vom Hundert, für jedes weitere vorhergehende Jahr um 2 vom Hundert ermäßigt.

§ 29.

Das vorhandene Vermögen ist auf den Zeitpunkt des Erbanfalls nach den Vorschriften des Besitzsteuergesetzes festzustellen; § 5 des Besitzsteuergesetzes findet jedoch keine Anwendung.

In das Gesamtvermögen ist das Vermögen des Erwerbers nicht einzurechnen, das von der Erbanfallsteuer befreit sein würde, falls es von dem Erwerber gleichzeitig mit dem angefallenen Vermögen erworben worden wäre.

§ 30.

Die Erbanfallsteuer ist von dem Erwerber, bei einer Zuwendung zugunsten eines bestimmten Zweckes jedoch von dem mit der Zuwendung Beschwerten zu entrichten. In letzterem Falle kann die Steuer, sofern nicht aus der Anordnung ein anderes ergibt, auf die Zuwendung angerechnet werden.

In den Fällen des § 21 ist die Steuer, soweit sie auf die Anteile der Abkömmlinge am Gesamtgut entfällt, von dem überlebenden Ehegatten zu Lasten der einzelnen Anteile zu entrichten.

Kann die Steuer von den in Abs. 1, 2 bezeichneten Personen nicht eingezogen werden, so ist sie aus dem Nachlaß zu entrichten.

§ 31.

Bei einem Erwerb im Sinne des § 20 Abs. 1 Nr. 2 ist der Erwerber mit Genehmigung der Aufsichtsbehörde befugt, den Betrag der Steuer dem gebundenen Vermögen zu entnehmen und zu diesem Zwecke über die zu dem Vermögen gehörenden Gegenstände zu verfügen.

Durch die Vorschrift des Abs. 1 wird die Befugnis des Inhabers nicht berührt, auf Grund solcher gesetzlicher, hausgesetzlicher oder stiftungsmäßiger Vorschriften, welche die Verfügung unter anderen Voraussetzungen zulassen, über das gebundene Vermögen zu verfügen.

Fehlt eine Aufsichtsbehörde oder ist ungewiß, welche Behörde zur Aufsicht berufen ist, so gilt als Aufsichtsbehörde im Sinne des Abs. 1 das Oberlandesgericht, in dessen Bezirk das gebundene Vermögen sich seinem Hauptbestande nach befindet. Ist die Genehmigung von einem Oberlandesgericht erteilt, so kann nicht geltend gemacht werden, daß das Oberlandesgericht für die Genehmigung nicht zuständig gewesen wäre. Die Landeszentralbehörde kann bestimmen, daß an Stelle des Oberlandesgerichts eine andere Behörde tritt.

§ 32.

Von der Erbanfallsteuer sind befreit

1. Zuwendungen an das Reich oder an ein Land;
2. Zuwendungen, die ausschließlich Zwecken des Reichs oder eines Landes dienen oder an

solche Gesellschaften, Anstalten oder Stiftungen gemacht werden, die ausschließlich Zwecke des Reichs oder eines Landes verfolgen.

Ob die Voraussetzungen des Abs. 1 Nr. 2 vorliegen, bestimmt der Reichsminister der Finanzen.

§ 33.

Von der Erbanfallsteuer sind befreit

1. ein Erwerb nach § 1969 des Bürgerlichen Gesetzbuchs;
2. die Befreiung eines Steuerpflichtigen der Steuerklassen I oder II von einer Schuld, soweit durch den Anfall lediglich die Beseitigung einer Überschuldung erreicht wird;
3. die Befreiung von einer Schuld, sofern der Erblasser sie mit Rücksicht auf die Notlage des Schuldners angeordnet hat und eine Notlage auch durch den Erbfall im wesentlichen nicht beseitigt wird, soweit nicht die Steuer aus der Hälfte eines neben der erlassenen Schuld dem Bedachten zukommenden Anfalls gedeckt werden kann;
4. ein Erwerb, der anfällt
   a) einem Steuerpflichtigen der Steuerklasse I oder II, Eltern oder Großeltern des Erblassers, sofern der Erwerb zusammen mit dem sonstigen Vermögen des Erwerbers 100 000 Mark nicht übersteigt und der Erwerber infolge körperlicher oder geistiger Gebrechen und unter Berücksichtigung seiner bisherigen Lebens-

stellung als erwerbsunfähig anzusehen ist oder durch die Führung eines gemeinsamen Hausstandes mit erwerbsunfähigen oder in der Ausbildung zu einem Lebensberufe begriffenen Abkömmlingen an der Ausübung einer Erwerbstätigkeit gehindert ist.

Übersteigt das Gesamtvermögen den Betrag von 100 000 Mark, so wird die Steuer nur insoweit erhoben, als sie aus der Hälfte des übersteigenden Betrags gedeckt werden kann.

b) einer der zu Steuerklasse I oder II gehörenden Personen, sofern der Erwerb zusammen mit dem sonstigen Vermögen des Erwerbers 100 000 Mark nicht übersteigt und dem Erwerber infolge des Todes des Erblassers nach den reichsgesetzlichen Vorschriften ein Anspruch auf Kriegswitwengeld oder Kriegswaisengeld zusteht oder zustehen würde, falls nicht das Recht auf den Bezug der Kriegsversorgung erloschen wäre oder ruhte; die Steuerbefreiung fällt weg, wenn der Tod des Erblassers erst nach Ablauf von zwei Jahren nach dem Friedensschluß oder einem nach den bezeichneten Vorschriften einem Friedensschluß gleichgeachteten Zeitpunkt eintritt;

c) Personen, die den Erblasser zu seinen Lebenszeiten verpflegt haben, wenn die

Verpflegung in der Erwartung einer letztwilligen Zuwendung unentgeltlich oder gegen ein unzureichendes Entgelt erfolgt ist, soweit das Zugewendete den Betrag eines angemessenen Entgelts nicht übersteigt;

5. ein Erwerb, der auf Grund eines in einer Verfügung von Todes wegen bestehenden Stiftungsgeschäfts inländischen Familienstiftungen zufällt, sofern die Bezüge aus der Stiftung nach § 20 Abs. 1 Nr. 5 als Erwerb von Todes wegen anzusehen sind. Das Gleiche gilt, wenn das Stiftungsgeschäft zur Vollziehung einer durch Verfügung von Todes wegen angeordneten Auflage oder deshalb errichtet worden ist, weil der Erblasser von der Errichtung einen Erwerb von Todes wegen abhängig gemacht hat;

6. Vermögen, das leibliche Eltern, Großeltern oder entferntere Voreltern ihren Abkömmlingen durch Schenkung oder Übergabevertrag zugewandt hatten und das an diese Personen zurückfällt.

§ 34.

Ist der Erwerber ein Abkömmling des Erblassers und hatte er zur Zeit des Anfalls des Erwerbes das 21. Lebensjahr noch nicht vollendet, so ermäßigt sich die Erbanfallsteuer um fünf vom Hundert ihres Betrags für jedes bis zur Vollendung des 21. Lebensjahrs fehlende volle Jahr. Die Ermäßigung findet nicht statt, wenn der Erwerb zusammen mit dem sonstigen Vermögen des Erwerbers 50000 Mark übersteigt. Der Unterschied zwischen der Steuer, die zu zahlen wäre, wenn der Erwerb zusammen mit dem sonstigen Vermögen des Erwerbers nur 50000 Mark betragen hätte, und zwischen der Steuer, die nach dem gesetzlichen Satze berechnet ist, wird nur insoweit erhoben, als er aus der Hälfte des jene Wertgrenze übersteigenden Vermögensbetrags gedeckt werden kann.

Als Abkömmling im Sinne dieser Vorschriften gilt auch ein uneheliches Kind.

§ 35.

Die Erbanfallsteuer beträgt 10 vom Hundert

1. für einen Erwerb, der einer inländischen Gemeinde (Gemeindeverband) zur Verwendung für öffentliche Zwecke oder einer inländischen Kirche anfällt;
2. für einen Erwerb, der solchen inländischen Stiftungen, Gesellschaften, Vereinen oder Anstalten anfällt, die ausschließlich kirchliche, mildtätige oder gemeinnützige Zwecke verfolgen, sofern ihnen die Rechte juristischer Personen zustehen;
3. für Zuwendungen, die ausschließlich kirchlichen, mildtätigen oder gemeinnützigen Zwecken innerhalb des Deutschen Reichs oder seiner Schutzgebiete oder deutschen Reichsangehörigen im Ausland gewidmet sind, sofern die Verwendung zu dem bestimmten

Zwecke gesichert und die Zuwendung nicht auf einzelne Familien oder bestimmte Personen beschränkt ist;

4. für einen Erwerb, der Kassen oder Anstalten anfällt, welche die Unterstützung der zum Erblasser in einem Dienst- oder Arbeitsverhältnisse stehenden Personen sowie deren Familienangehörigen bezwecken. Das Gleiche gilt, wenn der Erwerb Kassen oder Anstalten anfällt, welche die Unterstützung von Personen sowie deren Familienangehörigen bezwecken, die zu einem wirtschaftlichen Unternehmen, bei dem der Erblasser beteiligt oder tätig war, in einem Dienst- oder Arbeitsverhältnisse stehen.

Unter Kirchen (Abs. 1 Nr. 1) sind alle inländischen Religionsgesellschaften, denen die Rechte juristischer Personen zustehen, unter kirchlichen Zwecken (Abs. 1 Nr. 2, 3) sind die Zwecke solcher Religionsgesellschaften zu verstehen. Den Religionsgesellschaften sind gleichgestellt inländische Vereinigungen, die sich die gemeinschaftliche Pflege einer Weltanschauung zur Aufgabe machen, und denen die Rechte juristischer Personen zustehen; kirchlichen Zwecken sind die Zwecke solcher Vereinigungen gleichgestellt.

Sind ohne Begründung einer Stiftung Zuwendungen, auf welche die Voraussetzungen des Abs. 1 Nr. 3 zutreffen, gemacht worden, so werden sie hinsichtlich der Versteuerung ebenso behandelt, als ob zu demselben Zwecke eine Stiftung errichtet worden und auf diese der Betrag der Zuwendung übergegangen wäre.

Die im Abs. 1 bezeichneten Vergünstigungen können zugunsten ausländischer Stiftungen, Gesellschaften, Vereine und Anstalten der im Abs. 1 Nr. 2 bezeichneten Art, zugunsten solcher Zuwendungen, die den unter Nr. 3 bezeichneten Zwecken im Ausland zu dienen bestimmt sind, und zugunsten ausländischer Kassen und Anstalten der unter Nr. 4 bezeichneten Art zugestanden werden, sofern der ausländische Staat dem Deutschen Reiche gegenüber die gleiche Rücksicht übt.

Die Entscheidung darüber, ob Zwecke der im Abs. 1 Nr. 2, 3 und im Abs. 4 bezeichneten Art vorliegen, erfolgt durch das Landesfinanzamt. Gegen dessen Entscheidung ist die Rechtsbeschwerde an den Reichsfinanzhof zulässig.

§ 36.

Die im Falle des Todes eines Ehegatten von dem überlebenden Ehegatten für seinen Erwerb gezahlte Erbanfallsteuer wird nach seinem Tode auf die von den gemeinschaftlichen Abkömmlingen zu entrichtende Erbanfallsteuer angerechnet, wenn der erste Erbanfall nicht mehr als zehn Jahre hinter dem zweiten zurückliegt. Liegt er mehr als zehn, aber nicht mehr als fünfzehn Jahre zurück, so wird die Hälfte der Erbanfallsteuer angerechnet.

§ 37.

Bei Berechnung der Erbanfallsteuer bleiben außer Betracht

1. Vermögensgegenstände der im § 7 dieses Gesetzes bezeichneten Art, sofern sie Personen der Steuerklassen I oder II anfallen,
2. Kleidungsstücke und Haushaltsgegenstände, sofern sie Personen der Steuerklassen III 2, IV 2, 3, 4, V 1 anfallen, nicht zum Gewerbebetrieb oder zum Verkaufe bestimmt waren, und der Wert der zu dem Erwerbe der einzelnen Beteiligten gehörigen Gegenstände dieser Art den Betrag von 10000 Mark nicht übersteigt.

§ 38.

Hat der Erblasser einem Erwerber mehrere Vermögensvorteile der in §§ 20 und 40 gedachten Art zugewendet, so sind diese bei Anwendung der §§ 27, 28, 33 Nr. 4a und 4b, §§ 34, 37 Nr. 2, § 42 Abs. 1 Nr. 1 zusammenzurechnen. Eine bereits gezahlte Schenkungssteuer ist anzurechnen.

§ 39.

Wenn Personen der Steuerklassen I oder II Vermögen anfällt, das in den letzten fünf Jahren vor dem Anfall von Personen der gleichen Steuerklassen erworben worden ist und der Besteuerung nach diesem Gesetz unterlegen hat, so bleibt der auf dieses Vermögen entfallende Steuerbetrag zur Hälfte, und wenn der frühere Steuerfall mehr als fünf Jahre, aber nicht mehr als zehn Jahre hinter dem späteren zurückliegt, zu einem Viertel unerhoben.

III. Abschnitt.

Schenkungssteuer.

§ 40.

Schenkungen unter Lebenden unterliegen der gleichen Besteuerung wie der Erwerb von Todes wegen. Schenkungen stehen gleich freigebige Zuwendungen unter Lebenden, soweit der Bedachte durch sie auf Kosten des Zuwendenden mit dessen Willen bereichert wird. Die Übernahme von Gegenleistungen steht der Annahme einer Bereicherung insoweit nicht entgegen, als es sich dabei um nicht geldwerte Leistungen handelt. Wo in diesem Gesetz der Ausdruck „Schenkung" gebraucht wird, umfaßt er auch solche Zuwendungen. Die Vorschriften über die Erbanfallsteuer sind sinngemäß anzuwenden.

Als Erwerb durch Schenkung gilt auch

1. ein Erwerb, der infolge der Vollziehung der einer Schenkung beigefügten Auflage oder der Bewirkung einer Leistung, von welcher der Schenker eine Schenkung abhängig gemacht hat oder, sofern die Schenkung der Genehmigung einer Behörde unterliegt, infolge der Vollziehung einer Anordnung dieser Behörde erlangt wird;
2. was als Abfindung für einen Erbverzicht (§§ 2346, 2352 des Bürgerlichen Gesetzbuchs) gewährt wird;
3. was durch Rechtsgeschäft unter Lebenden mit der Bestimmung zugewendet wird, daß es auf den Pflichtteil angerechnet werden soll;

4. was mit der Bestimmung, daß dem Schenker für die Lebensdauer an dem geschenkten Gegenstande der Nießbrauch zustehen soll, geschenkt oder was sonst mit Rücksicht auf ein künftiges Erbrecht zugewendet wird;
5. das infolge eines Stiftungsgeschäfts unter Lebenden von dem Stifter zugewendete und auf die Stiftung übergegangene Vermögen;
6. was als Abfindung für den Verzicht auf einen Erwerb der im § 20 Nr. 2, 5 bezeichneten Art gewährt wird.

Ausstattungen, die Abkömmlingen zur Einrichtung eines angemessenen Haushalts gewährt werden, sowie der Verzicht auf den Pflichtteilsanspruch gelten nicht als Schenkung. Bei einem Schenkungsversprechen tritt die Steuerpflicht erst ein, wenn und soweit es vollzogen wird.

§ 41.

Neben dem Beschenkten haftet für die Steuer auch der Schenker.

Die Verjährung des Steueranspruchs beginnt nicht vor dem Tode des Schenkers.

§ 42.

Von der Schenkungssteuer sind außer den Fällen der §§ 27, 33 befreit

1. Schenkungen beweglicher Sachen im Werte von nicht mehr als 5000 Mark an Personen der Steuerklassen III bis V, sofern die

Sachen dem persönlichen Gebrauche des Beschenkten oder seiner Familienangehörigen zu dienen bestimmt sind;

2. Zuwendungen zum Zwecke des angemessenen Unterhalts oder der Ausbildung des Bedachten, Ruhegehalte und ähnliche Zuwendungen, die ohne rechtliche Verpflichtung früheren oder jetzigen Angestellten oder Bediensteten gewährt werden, sowie die üblichen Gelegenheitsgeschenke;
3. der Erlaß von Schulden, die durch Gewährung von Mitteln zum Zwecke des angemessenen Unterhalts oder der Ausbildung begründet worden sind;
4. Zuwendungen, die zu ausschließlich kirchlichen, mildtätigen oder gemeinnützigen Zwecken aus öffentlichen Mitteln oder aus den Mitteln solcher juristischer Personen oder ihnen gleich zu erachtenden Personengemeinschaften gemacht werden, die ausschließlich Zwecke der bezeichneten Art verfolgen.

Die Steuerpflicht einer Schenkung wird nicht dadurch ausgeschlossen, daß sie zur Belohnung oder unter einer Auflage gemacht oder in die Form eines lästigen Vertrags gekleidet wird.

§ 43.

Erfüllt der Erbe eine wegen Formmangels nichtige Verfügung von Todes wegen, so ist nur die Steuer zu erheben, die bei Gültigkeit der Verfügung des Erblassers zu entrichten gewesen wäre.

§ 44.

Die Steuer ist zu erstatten,

1. soweit das Geschenk wegen eines Rückforderungsrechts hat herausgegeben werden müssen;
2. wenn die Herausgabe gemäß § 528 Abs. 1 Satz 2 des Bürgerlichen Gesetzbuchs abgewendet worden ist.

II. Teil.

Veranlagung und Erhebung der Steuern.

§ 45.

Für die Steuerpflicht und die Ermittlung des Wertes ist maßgebend,

1. bei der Nachlaßsteuer der Zeitpunkt des Todes des Erblassers;
2. bei der Erbanfallsteuer der Zeitpunkt des Anfalls;
3. bei der Schenkungssteuer der Zeitpunkt der Zuwendung.

Der Wert von Zuwendungen der im § 8 bezeichneten Art bestimmt sich, sofern die Zuwendung erst mit dem Tode des Erblassers erworben wird, nach diesem Zeitpunkt, in den sonstigen Fällen nach dem Zeitpunkt, in welchem die Zuwendung erfolgt ist.

§ 46.

Für die Berechnung der Steuer wird das steuerpflichtige Vermögen auf volle hundert Mark nach unten abgerundet. Die Abrundung erfolgt erst nach Berücksichtigung der Hinzurechnungen und Abzüge gemäß den §§ 8 bis 11.

Der Steuerbetrag wird auf volle Mark nach unten abgerundet.

§ 47.

Der Wertfeststellung ist der gemeine Wert (Verkaufswert) zugrunde zu legen.

Bei Grundstücken, die dauernd land- oder forstwirtschaftlichen oder gärtnerischen Zwecken, sowie bei bebauten Grundstücken, die Wohnzwecken oder gewerblichen Zwecken zu dienen bestimmt sind und bei denen die Bebauung und Benutzung der ortsüblichen Bebauung und Benutzung entspricht, wird der Ertragswert zugrunde gelegt.

Als Ertragswert gilt bei land- oder forstwirtschaftlichen oder gärtnerischen Grundstücken das Fünfundzwanzigfache des Reinertrags, den sie nach ihrer wirtschaftlichen Bestimmung bei ordnungsmäßiger Bewirtschaftung mit entlohnten fremden Arbeitskräften nachhaltig gewähren können.

Die der Land- und Forstwirtschaft oder der Gärtnerei dienenden Gebäude und Betriebsmittel werden nicht besonders veranlagt, sondern sind in der Veranlagung des Ertragswerts einbegriffen.

Bei bebauten Grundstücken, die Wohnzwecken oder gewerblichen Zwecken zu dienen bestimmt sind, gilt als Ertragswert das Fünfundzwanzigfache des Miet- oder Pachtertrags, der in den letzten drei Jahren im Durchschnitt erzielt worden ist oder im Falle der Vermietung oder Verpachtung hätte erzielt werden können, nach Abzug von einem

Fünftel für Nebenleistungen und Instandhaltungskosten oder von dem als erforderlich nachgewiesenen höheren Betrag für Nebenleistungen und Instandhaltungskosten ohne Rücksicht darauf, ob die hierzu notwendigen Arbeiten von den Steuerpflichtigen selbst oder durch entlohnte fremde Arbeitskräfte geleistet worden sind.

Wird nach dem Ertragswert veranlagter Grundbesitz innerhalb zehn Jahren nach dem für die Berechnung der Steuer maßgebenden Zeitpunkt zu einem Preise veräußert, der um ein Viertel höher ist als der veranlagte Wert, so hat eine Neuveranlagung zu erfolgen. Der Neuveranlagung ist als Wert des Grundstücks der Verkaufspreis abzüglich der nach dem Erwerbe gemachten besonderen Aufwendungen zugrunde zu legen, jedoch nicht über den gemeinen Wert zur Zeit des Erwerbs hinaus.

In allen Fällen kann der Steuerpflichtige verlangen, daß statt des Ertragswerts der gemeine Wert der Veranlagung zugrunde gelegt wird. Dieses Recht erlischt, wenn es nicht spätestens bis zum Ablauf der mit der Zustellung des Steuerbescheids eröffneten Rechtsmittelfrist geltend gemacht wird.

§ 48.

Vermögen, dessen Erwerb von dem Eintritt einer aufschiebenden Bedingung abhängt, unterliegt der Besteuerung erst bei dem Eintritt der Bedingung. Das Gleiche gilt, wenn der Erwerb von einem Ereignis abhängt, das nur hinsichtlich des Zeitpunkts seines Eintritts ungewiß ist. Die Besteuerung ist nachzuholen. Hängt der Erwerb mit einem bereits besteuerten Erwerb zusammen, so ist die frühere Veranlagung zu berichtigen. Auf Verlangen der Steuerbehörde ist für den Steuerbetrag Sicherheit zu leisten.

§ 49.

Sind bei der Erteilung des Steuerbescheids abzugsfähige Verbindlichkeiten (§§ 10, 25) nicht berücksichtigt worden, weil sie dem Steuerpflichtigen unbekannt waren, so kann er bis zum Ablauf der Verjährungsfrist eine Berichtigung der Veranlagung beantragen.

§ 50.

Steuern, die von dem Kapitalwert von Renten oder anderen wiederkehrenden Nutzungen oder Leistungen zu entrichten sind, können nach Wahl des Steuerpflichtigen statt vom Kapitalwert jährlich im voraus von dem Jahreswert entrichtet werden. Die Steuer wird in diesem Fall von dem Hundertsatz erhoben, der sich nach § 28 für den gesamten Kapitalbetrag ergibt.

§ 51.

Beim Erwerbe von Vermögen, dessen Nutzung einem anderen als dem Steuerpflichtigen zusteht, kann der Pflichtige verlangen, daß die Versteuerung bis zum Erlöschen des Nutzungsrechts ausgesetzt bleibt. In diesem Falle erfolgt die Versteuerung nach dem Werte des Vermögens zur Zeit des Erlöschens des Nutzungsrechts. Auf Verlangen der

Steuerbehörde hat der Steuerpflichtige für die Steuer Sicherheit zu leisten.

Geht in dem Falle des Abs. 1 das mit dem Nutzungsrechte belastete Vermögen vor dem Erlöschen des Nutzungsrechts durch Erbfolge auf einen anderen über, so wird die Erbanfallsteuer für diesen Übergang nicht erhoben, vielmehr tritt die gleiche Behandlung ein, wie wenn derjenige, dem das Vermögen zur Zeit des Erlöschens gehört, das Vermögen unmittelbar von dem ursprünglichen Erblasser erworben hätte.

§ 52.

Hat der Erblasser die Entrichtung der von dem Erwerber geschuldeten Steuer einem anderen auferlegt, so sind die Erbanfallsteuern so zu berechnen, wie wenn die Auflage nicht erfolgt wäre. Diese Vorschrift findet auf Schenkungen entsprechende Anwendung.

§ 53.

Jeder der Nachlaßsteuer unterliegende Erbfall ist von den zur Entrichtung der Steuer verpflichteten Personen unter Einreichung einer Nachlaßsteuererklärung bei der Steuerbehörde binnen einer Frist von drei Monaten anzumelden. Die Frist beginnt mit dem Zeitpunkt, in welchem der Verpflichtete von dem Anfall der Erbschaft Kenntnis erlangt hat, für die gesetzlichen Vertreter der Erben, den Testamentsvollstrecker, den Nachlaßpfleger und den Nachlaßverwalter jedoch nicht vor der Übernahme der Verwaltung.

Die Steuerbehörde ist außerdem berechtigt, wenn sie von dem Erbfall vor der Anmeldung Kenntnis erlangt, den oder die Verpflichteten zur Einreichung einer Nachlaßsteuererklärung innerhalb einer von ihr zu bestimmenden Frist von mindestens einem Monat aufzufordern.

Die Erklärung hat ein Verzeichnis der zum Nachlaß gehörigen Gegenstände und die sonstigen für die Feststellung der Masse erforderlichen Angaben nach näherer Bestimmung des Reichsministers der Finanzen mit Zustimmung des Reichsrats zu enthalten.

§ 54.

Jeder der Erbanfallsteuer oder Schenkungssteuer unterliegende Erwerb ist vom Erwerber binnen einer Frist von drei Monaten nach erlangter Kenntnis von dem Anfall der Steuerbehörde anzumelden. Die Anmeldung kann mit der Einreichung der Nachlaßsteuererklärung (§ 53) verbunden werden.

Erfolgt der steuerpflichtige Erwerb durch ein Rechtsgeschäft unter Lebenden, so ist zur Anmeldung auch derjenige verpflichtet, aus dessen Vermögen der Erwerb stattfindet.

Einer Anmeldung bedarf es nicht, wenn der Erwerb auf einer von einem deutschen Gericht oder einem deutschen Notar eröffneten Verfügung von Todes wegen beruht und sich aus der Verfügung das Verhältnis des Erwerbers zum Erblasser unzweifelhaft ergibt. Das Gleiche gilt, wenn eine Schenkung unter Lebenden gerichtlich oder notariell beurkundet ist.

§ 55.

In den Fällen des § 54 kann die Steuerbehörde von den zur Anmeldung Verpflichteten innerhalb einer von ihr zu bestimmenden Frist die Abgabe einer Erklärung verlangen. Die Frist muß mindestens einen Monat betragen. § 53 Abs. 3 findet mit der Maßgabe Anwendung, daß an die Stelle des Nachlasses der steuerpflichtige Erwerb tritt.

§ 56.

Zur Anmeldung der dem Nachlaß hinzuzurechnenden Zuwendungen (§ 8) sind auch der Erwerber und seine Erben verpflichtet. Die Vorschriften des § 53 finden Anwendung mit der Maßgabe, daß die Frist in Abs. 1 vom Zeitpunkt der vom Erbfall erlangten Kenntnis an läuft.

Die gleiche Verpflichtung liegt den im § 19 Abs. 2 bezeichneten Unternehmungen und Personen in Ansehung der daselbst angegebenen Vermögensgegenstände ob. Die Frist des § 53 Abs. 1 beginnt für sie nicht vor erlangter Kenntnis vom Erbfall. Soweit nach der mit einem ausländischen Staate getroffenen Vereinbarung die zum Nachlaß eines Angehörigen dieses Staates gehörigen Vermögensgegenstände seinem konsularischen Vertreter auszuantworten sind, hat die Anmeldung spätestens gleichzeitig mit der Ausantwortung zu erfolgen.

§ 57.

Hat nach der Vorschrift der §§ 1993ff. des Bürgerlichen Gesetzbuchs der Erbe ein Verzeichnis des Nachlasses bei dem Nachlaßgericht eingereicht oder das Nachlaßgericht auf Antrag des Erben ein Inventar aufgenommen oder aufnehmen lassen, so kann bei Abgabe der Erbschaftssteuererklärung auf das Verzeichnis oder Inventar Bezug genommen werden.

§ 58.

Den Steuerbehörden haben von Amts wegen mitzuteilen

1. die Standesämter: die Sterbefälle;
2. die Gerichte: Todeserklärungen, die sie ausgesprochen haben, und die von ihnen angeordneten Nachlaßpflegschaften;
3. die Gerichte und die Notare: die Vornahme von Erbauseinandersetzungen.

Die Gerichte und Notare haben ferner beglaubigte Abschriften der von ihnen eröffneten Verfügungen von Todes wegen und beurkundeten Schenkungen zu übersenden.

§ 59.

Wer sich geschäftsmäßig mit der Verwahrung oder Verwaltung fremden Vermögens befaßt, ist verpflichtet, Vermögen des Erblassers, das sich in seinem Gewahrsam befindet, und Vermögen, das bei ihm zur Verfügung des Erblassers hinterlegt ist, binnen einem Monat, nachdem er von dem Eintritt des Erbfalls Kenntnis erlangt hat, der Steuerbehörde nach näherer Vorschrift des Reichsministers der Finanzen mit Zustimmung des Reichsrats anzumelden. Die Ausantwortung darf frühestens eine Woche nach der Anmeldung erfolgen.

Der Steuerbehörde ist ferner seitens derjenigen, die auf den Namen lautende Aktien oder Schuldverschreibungen ausgegeben haben, bevor sie die auf den Namen des Erblassers gestellten Wertpapiere nach Eintritt des ihnen bekannt gewordenen Erbfalls in ihren Büchern auf den Namen einer anderen Person umschreiben, von der beantragten Umschreibung schriftlich oder zu Protokoll Mitteilung zu machen.

§ 60.

Versicherungsunternehmungen sind auch außer dem Falle des § 19 Abs. 2 verpflichtet, bevor sie auf Grund eines vom Erblasser geschlossenen Vertrags auf den Todesfall zu leistende Versicherungssummen oder Leibrenten auszahlen, der Steuerbehörde eine Abschrift des Versicherungsscheins und etwaiger Nachträge einzureichen und ihr die Person des Empfangsberechtigten nach Namen, Stand und Wohnung mitzuteilen.

§ 61.

Das Landesfinanzamt ist ermächtigt, auf Antrag der Steuerpflichtigen von der genauen Ermittlung des steuerpflichtigen Vermögens und der Vorlegung eines Verzeichnisses ganz oder zum Teil abzusehen und einen Pauschbetrag für die Steuer anzunehmen, auch die Pauschversteuerung in solchen Fällen, in denen die Versteuerung andernfalls noch ausgesetzt sein müßte, zu gestatten.

§ 62.

Die Steuerbehörde stellt die Steuer fest und erteilt einen schriftlichen Steuerbescheid.

§ 63.

Soweit die Steuerpflicht sich auf Grundstücke bezieht, ist dem Steuerpflichtigen, nötigenfalls gegen ausreichende Sicherung, nach Maßgabe des von ihm gestellten Antrags die Zahlung der Steuer in höchstens zehn Jahresbeträgen zu gestatten, sofern nicht seine Vermögensverhältnisse eine mit sofortiger Einziehung der Steuer verbundene Härte ausschließen. Die Stundungsbewilligung kann zurückgenommen werden, wenn die Voraussetzungen der Stundung wegfallen. Als ausreichende Sicherheitsleistung gilt die Eintragung einer Sicherungshypothek für die Steuerforderung auf die Grundstücke, sofern der Hypothek andere als die zur Zeit des Anfalls bestehenden Rechte nicht vorgehen. Soweit die Bestellung einer Hypothek an einem Grundstück in der Art zulässig ist, daß Befriedigung aus dem Grundstück lediglich im Wege der Zwangsverwaltung gesucht werden kann, genügt die Bestellung einer solchen Hypothek.

§ 64.

Soweit das steuerbare Vermögen aus Grundstücken besteht, ist auf Antrag des Steuerpflichtigen zu gestatten, daß zum Zwecke der Befriedigung wegen des auf die Grundstücke entfallenden Teiles der Steuer während eines Zeitraums von höchstens zwanzig Jahren jährlich ein gleicher Geldbetrag (Tilgungsrente) entrichtet und hierfür an den Grundstücken eine Grundschuld bestellt wird. Die näheren Bestimmungen erläßt der Reichsminister der Finanzen mit Zustimmung des Reichsrats.

Ist der Vermögenswert nach Nutzungen oder Leistungen berechnet, so ist die Tilgungsrente durch so viele Jahre zu entrichten, als dem bei der Berechnung der Steuer angenommenen Vielfachen des Wertes der einjährigen Nutzung oder Leistung entspricht.

Diese Vorschriften finden keine Anwendung, sofern der Grundschuld andere als die zur Zeit des Eintritts der Steuerpflicht bestehenden Rechte vorgehen würden.

§ 65.

Unterliegen die Grundstücke innerhalb des Zeitraums, während dessen die Tilgungsrente zu zahlen ist, von neuem einer Veranlagung, so kann zum Zwecke der Befriedigung wegen der infolge des weiteren Steuerfalls geschuldeten Steuer auf Antrag des Steuerpflichtigen eine neue, den Vorschriften des § 64 entsprechende Grundschuld in der Art bestellt werden, daß die Verpflichtung zur Zahlung der Rente der späteren Grundschuld nicht vor Ablauf eines Jahres nach Fälligkeit der letzten Rentenzahlung aus der vorhergehenden Grundschuld beginnt.

Die Vorschrift des Abs. 1 findet keine Anwendung, wenn die Grundstücke innerhalb des bezeichneten Zeitraums gegen Entgelt an andere Personen als solche der Steuerklassen I und II veräußert worden sind.

§ 66.

Der noch nicht getilgte Betrag des Kapitals der Grundschuld kann von dem Eigentümer der Grundstücke jederzeit gezahlt werden. Der Steuerbehörde steht eine Kündigung nicht zu.

Die Zahlung des Kapitals und der anderen Leistungen (§§ 64, 65) hat an die von dem Landesfinanzamt bestimmte Stelle zu erfolgen.

§ 67.

Ist das Grundbuch noch nicht als angelegt anzusehen, so ist in den Fällen des § 64 auf Antrag des Steuerpflichtigen zu gestatten, daß die Steuerschuld durch die dort bezeichneten Geldleistungen getilgt wird, sofern hierfür an den Grundstücken eine Sicherungshypothek bestellt wird, der andere als die zur Zeit des Anfalls bestehenden Rechte nicht vorgehen. Die Vorschrift des § 65 findet sinngemäße Anwendung.

III. Teil.

Strafvorschriften, Übergangs- und Schlußvorschriften.

§ 68.

Wer die nach diesem Gesetze zu entrichtende Steuer hinterzieht, wird mit einer Geldstrafe bis zum Zwanzigfachen der hinterzogenen Steuer bestraft. Neben der Geldstrafe kann auf Gefängnis erkannt werden.

§ 69.

Von dem Ertrage der Steuer erhalten die Länder 20 vom Hundert der in ihrem Gebiet aufgekommenen Roheinnahme.

§ 70.

Die Vorschriften der Landesgesetze, welche die Erhebung einer Abgabe von dem den Gegenstand der Erbanfall- und Schenkungssteuer bildenden Erwerb oder von den über einen solchen Erwerb ausgestellten Urkunden betreffen, treten außer Kraft. Die Erhebung von Zuschlägen zu den auf Grund dieses Gesetzes erhobenen Steuern durch Länder, Gemeinden oder Gemeindeverbände ist unzulässig.

§ 71.

Die Länder, die infolge der Vorschriften des § 70 einen Ausfall an ihren Einnahmen erleiden, erhalten bis zur anderweitigen gesetzlichen Regelung aus dem Aufkommen ihres Gebiets eine Entschädigung in Höhe ihrer in den Rechnungsjahren 1912 bis 1916 erzielten Durchschnittseinnahme, wobei eine gemäß § 87 Abs. 1 des Besitzsteuergesetzes erfolgte Steuerermäßigung zu berücksichtigen ist.

§ 72.

Die Steuerpflicht bestimmt sich nach dem bisherigen Gesetze, wenn der Erblasser vor dem Inkrafttreten dieses Gesetzes verstorben ist. Im Falle des § 26 Abs. 3 ist der Tod des überlebenden Ehegatten maßgebend.

Der Schenkungssteuer unterliegen auch die nach dem 31. Dezember 1916 zugunsten von Personen der Steuerklassen I oder II gemachten Zuwendungen, die gemäß § 40 steuerbar sein würden, mit dem Werte, der beim Inkrafttreten dieses Gesetzes noch vorhanden ist, falls der Erblasser nicht vor dem Inkrafttreten dieses Gesetzes gestorben ist. Die Vorschrift des § 28 Abs. 3 gilt mit der Maßgabe, daß für die Berechnung der Ermäßigung der Zeitpunkt des Inkrafttretens dieses Gesetzes maßgebend ist. Bei Schenkungen aus der Zeit nach dem 31. Dezember 1916 bis zum Inkrafttreten dieses Gesetzes wird auf die Schenkungssteuer die auf die Gegenstände der Zuwendung nach dem Gesetz über eine Kriegsabgabe vom Vermögenszuwachse vom 10. September 1919 zu entrichtende Abgabe angerechnet.

Ist ein nach diesem Gesetze steuerpflichtiger Erwerb vor dem Inkrafttreten dieses Gesetzes angefallen, so beginnt die Frist für die Anmeldung des Erwerbes mit dem Zeitpunkt des Inkrafttretens dieses Gesetzes.

Hat ein nach diesem Gesetze steuerpflichtiger Erwerb bereits der Besteuerung durch das Reich oder ein Land unterlegen, so ist die gezahlte Steuer auf die nach diesem Gesetze zu zahlende Steuer anzurechnen.

§ 73.

Die Ausführungsbestimmungen zu diesem Gesetz erläßt der Reichsminister der Finanzen mit Zustimmung des Reichsrats.

§ 74.

Dieses Gesetz tritt mit dem 1. September 1919 in Kraft.

Berlin, den 10. September 1919.

Der Reichspräsident
Ebert.

Der Reichsminister der Finanzen
Erzberger.

Sachregister.

(Die Zahlen verweisen auf die Paragraphen.)

A.

G.

H.

J.

K.

L.

T.

U.

V.

W.

Z.

Druck von A. W. Hayn's Erben, Potsdam.

in den angeführten Preisen enthalten.

Guttentagsche Sammlung Deutscher Reichsgesetze.

Nr. 9. Sammlung **kleinerer strafrechtlicher Reichsgesetze.** Von Prof. Dr **R. H. Kriegsmann. 3. Aufl. — 1910.** 5,85 M

Nr. **10.** Das **Reichsbeamtengesetz** vom 31. März 1873. Von **J. Pieper. 2. Aufl. — 1901.** 6,50 M

Reichsbeamtengesetz von **1907**, siehe **Nr. 82.**

Nr. **11. Zivilprozeßordnung mit Gerichtsverfassungsgesetz.** Von **R. Sydow.** Fortgeführt von Reichsgerichtsrat **L. Busch** und Landrichter Dr. **Krantz. 15. Aufl.** Gr. **8°. —** Im Druck.

Nr. **12. Strafprozeßordnung und Gerichtsverfassungsgesetz** nebst den Gesetzen, betr. die Entschädigung der im Wiederaufnahmeverfahren freigesprochenen Personen und die Entschädigung für unschuldig erlittene Untersuchungshaft. Von Reichs-G.Rat **Dr A. Hellweg. 17. Aufl.**, bearbeitet von Prof. **Dr Kohlrausch. — 1918.** 5,50 M

Nr. **13. Konkursordnung und Anfechtungsgesetz.** Von **R. Sydow.** Fortgeführt von **L. Busch. 12. Aufl. — 1916.** 5,45 M

Nr. **14. Gerichtsverfassungsgesetz** mit Einführungsgesetz. Herausgegeben von **R. Sydow.** Fortgeführt von **L. Busch. 9. Aufl. — 1905.** 2,35 M

Nr. 15. Das Deutsche Gerichtskostengesetz nebst den Gebührenordnungen für Gerichtsvollzieher, Zeugen und Sachverständige. Von **R. Sydow.** Fortgeführt von Reichsgerichtsrat **L. Busch** und Amtsrichter **Koehler. 10. Aufl.** — Im Druck.

Nr. **16. Rechtsanwaltsordnung.** Von **R. Sydow. 5. Aufl.** von Justizrat **M. Jacobsohn.** Mit Nachtrag, enth. die Bestimmungen vom 22. Mai 1910. — **1907.** 1,95 M

Nr. **17.** Die **Deutsche Gebührenordnung für Rechtsanwälte und das Preußische Gebührengesetz** vom 27. IX. / 6. X. 1899.

in den angeführten Preisen enthalten.

Guttentagsche Sammlung Deutscher Reichsgesetze.

Nr. **27. Gesundheitswesen im Deutschen Reich.** Von Dr jur. **E. Goesch** und Dr med. **J. Karsten. — 1888.** 2,60 *M*

Nr. **28. Bau-Unfallversicherungsgesetz.** Vom 30. Juni 1900. Von **R. Chrzescinski.** Neue Fassung **(1911)**, siehe Nr. **108.**

Nr. **29. Erwerbs- und Wirtschaftsgenossenschaften.** Von **L. Parisius** und Dr **H. Crüger. 16. neu bearbeitete Aufl.** von Dr **H. Crüger. — 1919.** — Im Druck.

Nr. **30. Invalidenversicherungsgesetz** (1899). Von weil. Dr **E. v. Woedtke.** Neue Fassung **(1911)**, siehe Nr. **109.**

Nr. **31. Gewerbegerichtsgesetz.** Von Stadtrat **L. Mugdan. 7. Aufl.** bearbeitet von Oberbürgermeister **W. Cuno. — 1911.** 3,65 *M*

Nr. **32.** Reichsgesetz, betr. die **Gesellschaften mit beschränkter Haftung.** Von **L. Parisius** und Dr **H. Crüger. 14. Aufl.** von Dr **H. Crüger. — 1919.** — Im Druck.

Nr. **33. Vereins- und Versammlungsrecht.** Von Dr **E. Ball. 2. Aufl.** von Dr **F. Friedenthal. — 1907.** 3,65 *M*

Reichs-Vereinsgesetz vom 19. April 1908, siehe Nr. **33.**

Nr. **34.** Die **Abzahlungsgeschäfte.** Gesetz vom 16. Mai 1894. **3. Aufl.** von Land-G.Rat Dr **E. Wilke. — 1910.** 2,10 *M*

Nr. **35.** Die **Reichs-Eisenbahngesetzgebung.** Von Kaiserl. Amtsrichter **W. Coermann. — 1895.** 3,40 *M*. S. auch Nr. **66.**

Nr. **36.** Gesetze, betr. die **privatrechtlichen Verhältnisse der Binnenschiffahrt und der Flößerei.** Von Geh. Justizrat **E. Löwe. 5. Aufl. — 1915.** 5,20 *M*

Nr. **37.** Gesetz gegen den **unlauteren Wettbewerb.** Von Justizrat **A. Pinner. 6. Aufl. — 1912.** 2,35 *M*

Guttentagsche Sammlung Deutscher Reichsgesetze.

Nr. 38/39. **Bürgerliches Gesetzbuch nebst Einführungsgesetz** von Dr **A. Achilles.** In Verbindung mit Prof. Dr **André,** Senatspräsident **Meyer,** Reichs-G.Rat Dr **Strecker,** Staatsrat Dr **v. Unzner.** Herausgegeben von Wirkl. Geh. Ob.J.Rat u. Ober-L.G.Präsident **Greiff. 9.** vermehrte **Aufl. 8°. — 1919. —** Im Druck.

Nachtrag: **Bestimmungen über das Erbbaurecht** v. 15. Januar 1919. —,60 *M*

Nr. **40.** Gesetz, betr. die **Pflichten der Kaufleute bei Aufbewahrung fremder Wertpapiere [Depotgesetz].** Von Min.-Dir. **F. Lusensky. 3. Aufl. — 1916.** 3,25 *M*

Nr. **41. Börsengesetz.** Von **Th. Hemptenmacher. 3. Aufl.** von Syndikus **O. Meyer. — 1915.** 5,20 *M*

Nr. **42. Grundbuchordnung** nebst den preuß. Ausf.-Bestimmungen. Von Prof. Dr **O. Fischer. 7. Aufl. — 1919.** — Im Druck.

Nr. **43. Zwangsvollstreckung in das unbewegliche Vermögen** im Reiche und in Preußen. Kosten- und Gebührentabellen. Von Dr **J. Krech** u. Dr **O. Fischer. 8. Aufl.** bearbeitet von Prof. Dr **O. Fischer. — 1916.** 3,90 *M*

Nr. **44.** Das Reichsgesetz über das **Auswanderungswesen.** Von Prof. Dr **F. Stoerk. — 1899.** 3,25 *M*

Nr. **45.** Das **Entmündigungsrecht** mit den für Preußen geltenden Vorschriften nebst Just.-Min.-Verfügung vom **28. Nov.** 1899. Von Land-G.Rat Dr **P. Koll. — 1900.** 2,35 *M*

Nr. **46.** Die Gesetze des Reiches und Preußens über die **freiwillige Gerichtsbarkeit.** Von Amts-G.Rat **H. Jastrow. 5. Aufl.** — Vergriffen! — Neue Auflage in Vorbereitung.

Nr. **47.** Das **deutsche Vormundschaftsrecht** und das preuß. Gesetz über die Fürsorgeerziehung Minderjähriger. Von Ober-Verw.G.Rat **M. Schultzenstein** u. Amts-G.Rat Dr **P. Köhne. 2. Aufl. — 1901.** 4,40 *M*

in den angeführten Preisen enthalten.

Guttentagsche Sammlung Deutscher Reichsgesetze.

Nr. 48. Gesetze, betr. den **Drogen-, Gift- und Farbenhandel** außerhalb der Apotheken. Von Dr **J. Broh.** — **1899.** 1,95 ℳ

Nr. 49. Deutsche **Kolonialgesetzgebung.** Von Geh. J.Rat Prof. Dr **Ph. Zorn. 2. Aufl.** von G.Assessor Dr **Sassen.** — **1913.** 10,40 ℳ

Nr. 50. Der **Viehkauf [Viehgewährschaft] nach dem BGB.** Verordnung betr. die Hauptmängel und Gewährsfristen beim Viehhandel. Von Rechtsanwalt Dr **H. Stölzle** und Königl. Reg.- u. Vet.Rat **H. Weiskopf. 5. Aufl.** — **1913.** 8,45 ℳ

Nr. 51. **Hypothekenbankgesetz** vom 13. Juli 1899. Von Dr **H. Göppert. 2. Aufl.** bearbeitet von Geh. Reg.Rat Dr **Seidel.** — **1911.** 3,40 ℳ

Nr. 52. Gesetz, betr. die gemeinsamen **Rechte der Besitzer von Schuldverschreibungen.** Von Dr **H. Göppert. 2. Aufl.** bearbeitet von Amtsrichter Dr **E. Trendelenburg.** — **1915.** 2,60 ℳ

Nr. 53. **Reichspreßgesetz** vom 7. Mai 1874. Mit Kommentar von Bürgermeister **A. Born. 2. Aufl.** — **1911.** 3,10 ℳ

Nr. 54. Verkehr mit **Nahrungsmitteln, Genußmitteln** und **Gebrauchsgegenständen.** Von Dr **G. Lebbin,** Nahrungsmittelchemiker in Berlin. — **1900.** 3,25 ℳ

Nr. 55. Das Recht der **Beschlagnahme von Lohn- und Gehaltsforderungen.** Von Justizrat **G. Meyer. 5. Aufl.** — **1914.** 3,90 ℳ

Nr. 56. Gesetz, betr. die **Bekämpfung gemeingefährlicher Krankheiten.** Nebst Ausf.-Bestimmungen. Von Reg.Rat Dr **B. Burkhardt.** — **1900.** 2,10 ℳ

Nr. 57. **See-Unfallversicherungsgesetz (1887).** Von Ober-L.G.Rat Dr **M. Mittelstein.** — Neue Fassung **1911,** siehe **Nr. 108.**

Guttentagsche Sammlung Deutscher Reichsgesetze.

Nr. 58. **Das Recht der unehelichen Kinder nach dem BGB.** Von Amtsgerichtsrat. **H. Jastrow. — 1901.** 2,60 M

Nr. 59. Reichsgesetz über die **Beurkundung des Personenstandes und die Eheschließung.** Von Amts-G.Rat Dr **F. Fidler. 2. Aufl. — 1912.** 3,65 M

Nr. 60. Gesetz, betr. das **Urheberrecht an Werken der Literatur und der Tonkunst.** Von Geh. Ob.J.Rat **O. Lindemann. 3. Aufl. — 1910.** 2,35 M

Nr. 61. Gesetz über das **Verlagsrecht.** Von Rechtsanwalt Dr **B. Marwitz. 2. Aufl. — 1911.** 2,60 M

Nr. 62. Gesetz über **private Versicherungsunternehmungen.** Von Reichs-G.Rat **H. Könige. 2. Aufl. — 1910.** 5,85 M

Nr. 63. **Gesetzestafel des Deutschen Reichsrechts.** Systematisch geordnete Nachweisung des z. Z. geltenden Reichsrechts. Von **H. Bruhns. 2. Aufl. — 1913.** 5,20 M

Nr. 64. Gesetzsammlung betr. den **Handel mit Drogen und Giften.** Mit Anhang: landesgesetzliche Verordnungen sämtlicher Bundesstaaten. Von Rechtsanwalt **H. Sonnenfeld**, Syndikus der Berliner Drogisten-Innung. **2. Aufl. — 1912.** 5,85 M

Nr. 65. Das **Weingesetz** in der Fassung von 1909. Mit Ausf.-Bestimmungen von Dr **G. Lebbin**, Nahrungsmittelchemiker. **2. Aufl. — 1909.** 3,65 M

Nr. 66. Die **Eisenbahn-Gesetzgebung.** Von **W. Pietsch**, Rechn.Rat im Reichseisenbahnamt. **2. Aufl. — 1913.** 5,20 M

Nr. 67. **Militär-Strafgesetzbuch für das Deutsche Reich.** Von Wirkl. Geh. Kriegsrat Dr **A. Romen** und Kriegsgerichtsrat Dr **C. Rissom. 3. Aufl. — 1918.** 14,50 M
— — Feldausgabe in 2 Bänden, gebunden 15,— M

Nr. 68. Das **Fleischbeschaugesetz.** Vom 3. Juni 1900. Von Dr **G. Lebbin** u. Dr **G. Baum. — 1903.** 5,85 M

in den angeführten Preisen enthalten.

Guttentagsche Sammlung Deutscher Reichsgesetze.

Nr. **69.** Reichsgesetz über die **Naturalleistungen der bewaffneten Macht im Frieden** nebst den preußischen Bestimmungen. Von Dr **W. v. Hippel. — 1903.** 2,10 *M*

Nr. **70.** Das **Reichs-Haftpflichtgesetz** vom 7. Juni 1871. Von Reg.Rat Dr **G. Eger. — 1903** Vergriffen.

Nr. **71.** Gesetz betr. **Kinderarbeit in gewerblichen Betrieben** vom 30. März 1903. Von Ober-Verw.G.Rat **H. Spangenberg. 2. Aufl. — 1904.** 2,35 *M*

Nr. **72. Unfallversicherungsgesetz für Land- und Forstwirtschaft.** (1886). Von weil. Dr **E. v. Woedtke.** Siehe Nr. **108.**

Nr. **73. Entschädigung für unschuldig erlittene Verhaftung und Bestrafung.** Anhang: Nebengesetze über Schadensersatz. Von Wirkl. Geh. Kriegsrat Dr **A. Romen. — 1904.** 3,10 *M*

Nr. **74.** Die **Kaufmannsgerichte** nebst Ausf.-Bestimmungen. Von Prof. Dr **M. Apt. 3. Aufl. — 1904.** 3,10 *M*
Siehe auch Nr. **112.**

Nr. **75.** Reichsgesetz über die **Konsulargerichtsbarkeit.** Von Rechtsanwalt Dr **A. F. Vorwerk,** Schanghai. **2. Ausgabe,** mit den Schutzgebietsgesetzen. — **1908.** 3,10 *M*

Nr. **76. Die Rechtshilfe im Verkehr mit den ordentlichen Gerichten** nach deutschem Reichsrecht. Von Landrichter **Dr A. Friedländer. — 1906.** 2,60 *M*

Nr. **77. Das Erbschaftssteuergesetz.** Vom 10. September 1919. Von **B. Henckel.** — In Vorbereitung.

Nr. **78. Zigarettensteuergesetz.** Vom 3. Juni 1906. Von Reg.Assessor Dr **Cuno.**

Nr. **79. Die Militärpensionsgesetze** vom 31. Mai 1906 nebst Ausf.-Bestimmungen. Zum Gebrauch für Heer, Marine

Guttentagsche Sammlung Deutscher Reichsgesetze.

und Schutztruppe von Wirkl. Geh. Kriegsrat Dr **A. Romen**

a) I. Teil: **Offizierpensionsgesetz. — 1907.** 4,95 *M*

b) II. Teil: **Mannschaftsversorgungsgesetz** mit Nachtrag, enth. **Kapitalabfindungsgesetz** vom 3. Juli 1916. — **1908.** 4,95 *M*

Militärversorgungsgesetze siehe auch Nr. **136.**

Nr. **80.** Reichsgesetzgebung über **gerichtliche Registerführung.** Von Geh. Ob.J.Rat **O. Lindemann. — 1906.** 4,40 *M*

Nr. **81. Urheberrecht an Werken der bildenden Künste und der Photographie.** Von Rechtsanwalt Dr **L. Fuld. — 1907.** 1,60 *M*

Nr. **82. Reichsbeamtengesetz** vom 18. Mai 1907 mit Ergänzungen von Geh.Rat Prof. Dr **A. Arndt. — 1908.** 4,40 *M*

Nr. **83.** Reichsgesetz über den **Versicherungsvertrag** nebst Einführungsgesetz. Von Dr **P. Hager** und Dr **E. Bruck. 3. verm. u. verb. Aufl. — 1913.** 8,45 *M*

Nr. **84. Sammlung kleinerer privatrechtlicher Reichsgesetze.** Von Ober-L.G.Rat **G. Müller. — 1908.** 9,10 *M*

Nr. **85. Scheckgesetz.** Von Prof. Dr **M. Apt.** Vergriffen. Siehe Nr. **113.**

Nr. **86. Die Auslieferungsverträge des Deutschen Reiches.** Von Landrichter Dr **A. Cohn. — 1908.** 5,85 *M*

Nr. **87.** Gesetz zum **Schutz der Warenbezeichnungen.** Von Geh. Reg.Rat, Mitgl. des Kaiserl. Patentamts Dr **Freund** und Rechtsanwalt **Magnus. 5. Aufl. — 1909.** 5,20 *M*

Nr. **88. Vereinsgesetz** vom 19. April 1908. Von Wirkl. Geh. Kriegsrat Dr **A. Romen.** Mit den **neuen Bestimmungen über Jugendliche und Gewerkschaften. 4. Aufl. — 1916.** 4,55 *M*

Nr. **89. Vogelschutzgesetz** vom 30. Mai 1908 nebst den das Flugwild betr. Bestimmungen der Preuß. Jagdordnung. Von Dr **L. v. Boxberger. — 1909.** 1,60 *M*

in den angeführten Preisen enthalten.

Guttentagsche Sammlung Deutscher Reichsgesetze.

Nr. **90.** Die Haager Abkommen über das **Internationale Privatrecht.** Von Dr **G. Bogeng.** — **1908.** 3,25 *M*

Nr. **91.** **Eisenbahn-Verkehrsordnung** mit Ausf.-Bestimmungen. Von Reg.Rat Dr **E. Blume.** — **1909.** 3,65 *M*

Nr. **92.** Gesetz, betr. den **Verkehr mit Kraftfahrzeugen.** Von Amts-G.Rat **R. Kirchner.** **3. Aufl.** — **1915.** 5,85 *M*

Nr. **93.** Gesetz über die **Sicherung der Bauforderungen.** Von Justizrat Dr **E. Harnier.** **3. Aufl.** — **1912.** 2,35 *M*

Nr. **94.** **Haftpflicht der Reichs- und Staatsbeamten** von Dr **H. Delius.** **2. Aufl.**, mit dem Gesetz über Haftung des Reichs für Beamte vom 22. Mai 1909. — **1909.** Vergriffen.

Nr. **95.** Die Berner Übereinkunft über **Internationales Urheberrecht.** Von Geh.Rat Dr **H. Dungs.** — **1910.** 1,60 *M*

Nr. **96.** **Branntweinsteuergesetz** vom 15. Juli 1909 mit den für das Reich erlassenen Ausf.-Bestimmungen und Kriegsverordnungen. **2. Aufl.**, bearbeitet von Reg.Assessor Dr **K. Kniebe**, Hilfsarbeiter im Reichsamt d. Innern. — **1916.** 5,20 *M*

Branntweinmonopolgesetz siehe Nr. **131 a.**

Nr. **97.** **Schutzgebietsgesetz** nebst dem G. über die Konsulargerichtsbarkeit sowie den Ausf.-Bestimmungen. Von **J. Gerstmeyer**, Wirkl. Legationsrat. — **1910.** 4,40 *M*

Nr. **98.** **Sechs Haager Abkommen** über **Internationales Privatrecht.** Von Geh. Ob.Reg.Rat Dr **H. Dungs.** — **1910.** 2,35 *M*

Nr. **99.** **Die Abkommen der Haager Friedenskonferenz.** Von Dr **H. Wehberg.** — **1910.**
Vergriffen. Neue Bearbeitung im Druck.

Nr. **100.** Gesetz über den **Absatz von Kalisalzen.** Von Geh. Bergrat **E. Boelkel.** — **1910.** 3,40 *M*

Guttentagsche Sammlung Deutscher Reichsgesetze.

Nr. **101. Zuwachssteuergesetz** vom 14. Februar 1911. Von Geh. Reg.Rat Dr **W. Cuno. — 1911.** 5,20 *M*

Nr. **102. Urheberrecht an Mustern und Modellen** und Ges. betr. Schutz von **Gebrauchsmustern.** Von Reg.Rat **J. Neuberg,** Mitgl. d. Kaiserl. Patentamts. — **1911.** 3,40 *M*

Nr. **103. Reichs-Viehseuchengesetz** vom 26. Juni 1909 nebst Ausführungsvorschriften u. dem preuß. Ausführungsgesetz. Von Landrat Dr **W. v. Hippel. 2. Aufl. — 1912.** 6,50 *M*

Nr. **104. Versicherungsgesetz für Angestellte.** Von Rechtsanwalt **O. Bernstein** u. Dr **J. Kupferberg. 2. Aufl. — 1912.** Vergriffen.

Nr. **105. Das Geldwesen in den deutschen Schutzgebieten.** Von **W. Hintze,** Geh. Sekr. im Reichskolonialamt. — **1912.** 2,90 *M*

Nr. **106—109. Reichs-Versicherungsordnung nebst Einführungsgesetz.** Herausgegeben unter Mitwirkung von Dr **F. Caspar,** Wirkl. Geh. Rat, Direktor im Reichsamt d. Innern und **A. Spielhagen,** Geh. Ob.Reg.Rat, vortr. Rat im Reichsamt d. Innern. **4 Bände.**

Nr. **106.** I., V. u. VI. Buch. **Gemeinsame Vorschriften. — Beziehungen der Versicherungsträger zu einander und zu anderen Verpflichteten. — Verfahren.** Von Dr **R. Lippmann,** Reg.Rat im Reichs-Vers.Amt, Geh. Reg.Rat Dr **L. Laß** und Geh. Reg.Rat **H. Siefart. — 1913.** 8,45 *M*

Nr. **107.** II. Buch. **Krankenversicherung.** Von Geh.Reg.Rat **H. Siefart** u. Reg.Rat Dr **F. Sitzler. — 1916.** 9,75 *M*

Nr. **108.** III. Buch. **Unfallversicherung.** Von **A. Radtke,** Geh. Reg.Rat im R.Vers.Amt. — **1913.** 11,— *M*

Nr. **109.** IV. Buch. **Invaliden- und Hinterbliebenenversicherung.** Von Geh. Ob.Reg.Rat **B. Jaup,** vortr. Rat im Reichsamt d. Innern, und **H. Follmann,** Geh. Reg.Rat im R.Vers.Amt. — **1912.** Mit Nachtrag. 1914—1916. 5,85 *M*

Nr. **110. Wehrbeitragsgesetz** mit Ausf.-Bestimmungen. Von Wirkl.Geh.Ob.Fin.Rat **A. Fernow. 2. Aufl. — 1913.** 2,90 *M*

Nr. **111. Reichs- und Staatsangehörigkeitsgesetz.** Von Wirkl. Geh. Kriegsrat Dr **A. Romen. — 1913.** 3,25 *M*

in den angeführten Preisen enthalten.

Guttentagsche Sammlung Deutscher Reichsgesetze.

Nr. 112. **Kaufmannsgerichtsgesetz** mit Best. des Gewerbegerichtsgesetzes. Von Dr **H. Depène**, Vors. des Kaufmannsgerichts zu Berlin. — 1914. 3,65 M

Nr. 113. **Postscheckgesetz.** Von Oberpostinspektor **J. Weiland.** — 1914. Mit Nachtrag 1918. 2,35 M

Nr. 113 a. **Postscheckordnung** mit Ausf.-Bestimmungen. Von **J. Weiland.** — 1914. Mit Nachtrag 1918. 2,35 M

Nr. 114. **Waffengebrauch und Festnahmerecht des Militärs.** Von Wirkl. Geh. Kriegsrat Dr **A. Romen** und Kriegsgerichtsrat Dr **C. Rissom.** — 1914. 2,90 M

Nr. 115. **Das vertragliche Wettbewerbsverbot [Konkurrenzklausel].** Nebst Kommentar zum G. v. 10. Juni 1914. Von Rechtsanwalt Dr **G. Baum.** — 1914. 4,40 M

Nr. 116. **Kriegs-Zivil- und -Finanzgesetze** vom 4. Aug. 1914 und den dazu erlassenen Verordnungen und Bekanntmachungen. 3. Aufl. — 1915. 3,40 M

Nr. 116 a. Zweite Folge: Das Jahr 1915. — 1916. Siehe auch Nr. 129. 2,90 M

Nr. 117. **Darlehnskassengesetz.** Von Rechtsanwalt **Salomon** und Bankvorsteher **Bud.** — 1915. 2,90 M

Nr. 118. **Militärhinterbliebenengesetz.** Von Rechn.Rat **Reh.** Mit Nachtrag, enth. das **Kapitalabfindungsgesetz** vom 11. Juli 1916. — 1915. — (Siehe auch Nr. 136.) 3,65 M

Nr. 119. **Kriegsleistungsgesetz.** Von Rechtsanwälten J.Rat **Heilberg** und **Schäffer.** — 1915. 4,15 M

Nr. 120. **Telegraphenwegegesetz.** Von Postreferendar **Wolf.** — 1916. 2,35 M

Nr. 121. **Direkte Kriegssteuer.** Gesetze z. Besteuerung der Kriegsgewinne. Von Ob.Verw.Gerichtsrat **A. Mrozek.** — 1916. 5,85 M

Nr. 122. **Gesetz über den Belagerungszustand.** Von Kriegsgerichtsrat Dr **H. Bürschel.** — 1916. 6,50 M

Nr. 123. **Warenumsatzstempel.** Von Geh. Ober-Justizrat **Lindemann.** — 1916. 3,25 M

Umsatzsteuergesetz — 1918. Siehe Nr. 132. (Gesetz von 1919 in Vorbereitung.)

Guttentagsche Sammlung Deutscher Reichsgesetze.

Nr. **124. Todeserklärung Kriegsverschollener.** Von Prof. Dr **J. Partsch. — 1916.** 3,90 ℳ

Nr. **125.** Das Gesetz über den **vaterländischen Hilfsdienst. 3. vermehrte Aufl. — 1917.** 1,50 ℳ

Nr. **126. Besitzsteuergesetz** mit Ausf.-Bestimmungen. Von Ob.Verw.Gerichtsrat **A. Mrozek. — 1917.** 6,— ℳ

Nr. **127.** Verordnung über die **Geschäftsaufsicht zur Abwendung des Konkurses** vom 14. Dez. 1916. Von Rechtsanwalt **G. Klien,** mit system. Einleitung von Geh. Hofrat Dr **Ernst Jaeger** ord. Prof. a. d. Universität Leipzig. — **1917.** 2,— ℳ

Nr. **128.** Gesetz betr. die **Verhaftung u. Aufenthaltsbeschränkung** vom 4. Dez. 1916. Nebst Anhang, betr. Entschädigung unschuldig Verhafteter. Von **Wirkl. Geh. Kriegsrat** Dr **A. Romen. — 1917.** 2,50 ℳ

Nr. **129.** Kriegsgesetze auf dem Gebiete des **Zivil-** und **Prozeßrechtes,** für die gerichtliche Praxis zusammengestellt von Amtsrichter Dr **Johannes Fischer. — 1918.** 4,— ℳ

Nr. **130. Ersatzlebensmittelverordnung** nebst Ausführ. Vorschr. des Reichs und der wichtigsten Bundesstaaten. Verordnungen über **Schleichhandel, Preistreiberei und Papierhandel.** Von **Heinz Emil Wendel,** Polizeirat in Berlin. — **1918.** 2,— ℳ

Nr. **131 a. Reichsfinanzgesetzgebung 1918.** Bd. I. **Getränkesteuern** (Bier, Branntwein, Wein, Schaumwein, Limonaden). Von Dr. **G. Mayer. — 1918.** 6,50 ℳ

Nr. **131 b. Reichsfinanzgesetzgebung 1918.** Bd. II. **Abgabe** vom **Einkommen, Umsatz, Kriegsgewinn** usw., **Steuerflucht.** Von Dr. **G. Mayer. — 1919.** 4,— ℳ

Nr. **132. Umsatzsteuergesetz** und Ausführungsbestimmungen. Von Geh. Ober-Justizrat **Otto Lindemann,** vortr. Rat im Justizministerium. — **1918.** 5,50 ℳ

Neues Gesetz von 1919 in Vorbereitung.

Nr. **133. Reichswuchergesetzgebung.** Von Reichsgerichtsrat Dr. **Ad. Lobe. — 1918.** 6,50 ℳ

Nr. **134. Die Friedensverträge** Von Dr. **Karl Strupp.** I. **Die Ostfrieden. — 1918.** 12,— ℳ

Nr. **135.** Verordnung über das **Erbbaurecht.** Von Landrichter Dr. **Hermann Günther.** 5,— ℳ

…n den angeführten Preisen enthalten.

Guttentagsche Sammlung Deutscher Reichsgesetze.

Nr. **136.** **Militärversorgungsgesetze.** Von Landrichter Dr. **Hernann Günther.** Im Druck.

Nr. **137.** **Die neue Verfassung des Deutschen Reiches.** Von Prof. Dr. **A. Arndt.** Im Druck.

Nr. **138.** **Arbeitsverfassung, Arbeitsrecht und Arbeitsschutz.** Von Prof. Dr. **A. Günther.** Im Druck.

Nr. **139.** **Die Siedelungsgesetzgebung im Reich und in Preußen.** Von Geh. Ob.-Justizrat **W. Holzapfel.** Im Druck.

☞ **Die neuen Steuergesetze siehe Seite 31 dieses Verzeichnisses.**

Guttentagsche Sammlung
Preußischer Gesetze.

Text-Ausgaben mit Anmerkungen. Taschenformat.

Nr. 1. Die **Verfassungs-Urkunde** für den Preußischen Saat. Mit Einleitung, vollständigem Kommentar. Von Prof. Dr **A. Arndt. 7. Aufl. — 1911.** 5,85 M

Nr. 2. Preußische **Beamten-Gesetzgebung.** Enth. die wichtigsten Beamtengesetze in Preußen. Von **K. Pfafferoth. 5. Aufl. — 1916.** 3,90 M

Nr. 3. **Aufnahme** von **Nottestamenten** durch die bestellten Urkundspersonen. Anweisung mit Musterbeispielen. Von Amts-G.Rat **E. Kurtz. — 1904.** 2,35 M

Nr. 4. **Gebührenordnung** für **Notare** vom 25. Juli 1910. **5. Aufl.** von Justizrat **Rausnitz. — 1917.** 5,— M

Nr. 5. Gesetz vom **24. April 1854 [betr. die außerehel. Schwängerung].** Von Dr **Schulze. — 1873.** 1,— M
Reichs-Recht siehe: Reichsgesetze Nr. **58.**

Nr. 6. Die Preuß. **Ausführungsgesetze und Verordnungen zu den Reichs-Justizgesetzen.** Von **R. Sydow.**
Ersetzt durch B u s c h - E y l a u , Ausführungsgesetze.

Nr. 7. Allg. **Gerichtsordnung** und Preuß. **Konkursordnung.** Von **F. Bierhaus.** Vergriffen.

Nr. 8. **Vormundschaftsordnung.** Von **F. Schultzenstein.**
Reichs-Recht siehe: Reichsgesetze Nr. **47.**

Nr. 9. Die Preußische **Grundbuchgesetzgebung.** Von Prof. Dr **Fischer.** Vergriffen; siehe: Reichsgesetze Nr. **42.**

Nr. **10. Einkommensteuergesetz.** Von Wirkl. Geh. Ob. Finanzrat **A. Fernow. 8. Aufl. — 1913.** Vergriffen! — Neue Auflage nach Verabschiedung des angekündigten Abänderungsgesetzes.

in den angeführten Preisen enthalten.

Guttentagsche Sammlung Preußischer Gesetze.

Nr. **11. Gewerbesteuergesetz.** Von Wirkl. Geh. Ob. Fin. Rat **A. Fernow. 6., vermehrte Aufl. — 1915.** 6,25 ℳ

Nr. **12. Allgemeines Berggesetz.** Mit seinen Novellen und Nebengesetzen. **3. Aufl.,** bearbeitet von den Oberbergräten **Schlüter** und **Hense. — 1913.** 10,40 ℳ

Nr. **13. Ergänzungssteuergesetz** (Vermögenssteuergesetz). Von Wirkl. Geh. Ob. Fin. Rat **A. Fernow. 5. Aufl.** Mit Nachtrag, enth. Ges. betr. Erhöhung der Zuschläge vom 8. Juli 1916. **— 1914.** 5,85 ℳ

Nr. **14. Kommunalabgabengesetz.** Vom 14. Juli 1893 und Ges. wegen Aufhebung direkter Staatssteuern. Von Oberbürgermeister Dr. **F. Adickes. 5. Aufl.** bearbeitet von Stadtrat Dr. **Woell. — 1911.**

Vergriffen, neue Auflage in Vorbereitung.

Nr. **15.** Die **Kreisordnungen** für den Preußischen Staat. Von Land-G. Rat **O. Kolisch. — 1894.** 5,50 ℳ

Nr. **16. Konzessionierung gewerblicher Anlagen.** Von Geh. Reg. Rat Dr. **W. v. Rüdiger. 2. Aufl. — 1901.** 2,60 ℳ

Nr. **17.** Preußisches **Gerichtskostengesetz.** Vom 25. Juli 1910. Mit Kostentabellen. Von Kammer-G. Rat Dr. **P. Siméon. 7. Aufl. — 1913.** Mit Nachtrag: Abänderungen vom 17. Febr. 1917. 5,85 ℳ

Nr. **18.** Preußisches **Stempelsteuergesetz** vom 30. Juni 1909. Mit sämtlichen Ausf.-Bestimmungen. Von **P. Loeck. 8. Aufl.** von Reg. Rat **W. Seyffarth. — 1914.** 11,70 ℳ

Nr. **19. Das Jagdscheingesetz.** Von Wirkl. Geh. Ob. Reg. Rat **F. Kunze. 2. Aufl. — 1899.** 2,90 ℳ

Nr. **20.** Die **preußischen Erbschaftssteuergesetze.** Von Rechn. Rat **U. Hoffmann. — 1905.** 5,20 ℳ
(**Reichs**-Erbschaftssteuergesetz siehe **Reichsgesetze** Nr. **77** und Seite 21.)

Nr. **21.** Gesetz über die **Handelskammern.** Von Min.-Dir. **F. Lusensky. 2. Aufl. — 1909.** 4,40 ℳ

Guttentagsche Sammlung Preußischer Gesetze.

Nr. **22.** Gesetz, betr. **Anstellung und Versorgung der Kommunalbeamten.** Von Dr **W. Ledermann. 2. Aufl.,** bearbeitet von Dr **L. Brühl. — 1914.** 3,10 ℳ

Nr. **23. Ausführungsgesetz zum Bürgerlichen Gesetzbuche.** Von Kammer-G.Rat Dr **P. Siméon. 3. Aufl. — 1914.** 3,10 ℳ

Nr. **24.** Die **Hinterlegungsordnung. (1879)** Von Reg.Rat Dr **G. Bartels. 2. Aufl. — 1908.** 2,60 ℳ

— —, Abänderungsgesetz vom 21. April 1913 siehe **Nr. 53.**

Nr. **25. Preußische Kommunalbeamtengesetzgebung.** Von Mag.Assessor Dr **F. Kremski,** Berlin. — **1901.** 4,40 ℳ

Nr. **26.** Gesetze über das **Diensteinkommen der Lehrer und Lehrerinnen, Ruhegehalt und Hinterbliebenenfürsorge.** Tabelle zur Berechnung der Ruhegehalts-, Witwen- und Waisenbezüge. Von Bürgermeister Dr **E. Cremer. — 1900.** 3,40 ℳ

Nr. **27.** Gesetz, betr. die **Warenhaussteuer.** Von Geh. Ob.Fin.Rat Dr **G. Strutz. — 1900.** 1,95 ℳ

Nr. **28.** Die **Fürsorgeerziehung Minderjähriger.** Von Geh. Justizrat Dr **P. F. Aschrott.** Mit Ausführungsbestimmungen und allen wichtigeren Ministerialerlassen. **3. Aufl. — 1917.** 5,— ℳ

Nr. **29.** Gesetz, betr. **die ärztlichen Ehrengerichte, das Umlagerecht und die Kassen der Aerztekammern.** Von Amts-G.Rat Dr **F. Fidler. — 1901.** 2,35 ℳ

Nr. **30.** Das **Preußische Staatsschuldbuch** und **Reichsschuldbuch.** Von Wirkl. Geh. Ob.F.Rat **J. Mücke. — 1902.** 2,60 ℳ

Nr. **31. Die geltenden Preußischen Gesindeordnungen. Zwei Bände.** Von Rechtsanwalt **St. Gerhard.**

31 a. Gesindeordnung für die altpreußischen Provinzen vom 8. Nov. 1810, unter Berücksichtigung der Ergänzungsgesetze, der Rechtsverhältnisse der Stellenvermittler und

in den angeführten Preisen enthalten.

Guttentagsche Sammlung Preußischer Gesetze.

Reichsversicherungsordnung, sowie die Gesindeordnungen für Neuvorpommern und Rügen und für die Rheinprovinz. **2. Aufl. — 1914.** 4,40 ℳ

31 b. Gesindeordnungen für Hannover, Schleswig-Holstein, Hessen-Nassau und den Regierungsbezirk Hohenzollern. — **1902.** 3,65 ℳ

Nr. **32. Die Städteordnung für die sechs östlichen Provinzen Preußens.** Von Dr **W. Ledermann** u. Dr **L. Brühl. 2. Aufl. — 1913.** 9,75 ℳ

Nr. **33. Rentenguts- und Anerbenrechts-Gesetzgebung in Preußen.** Von Land-G.Rat **M. Peltasohn** und Rechtsanwalt **B. Peltasohn. — 1903.** 4,40 ℳ

Nr. **34.** Sammlung der wichtigsten **preußischen Strafgesetze** nebst Ges., betr. polizeil. trafverfügungen vom 23. April 1883. Von Geh. Ob.J.Rat. **Lindemann. 2. Aufl. — 1912.** 4,70 ℳ

Nr. **35. Geschäftsordnung für Gerichtsvollzieher.** Von **E. Exner. — 1904.** 4,55 ℳ

Nr. **36. Polizeiverordnungen in Preußen.** Von Geh. Ob.J.Rat **O. Lindemann. — 2. Aufl. 1912.** 3,40 ℳ

Nr. **37.** Gesetz, betr. **Enteignung von Grundeigentum** vom 11. Juni 1874. Von Ob.L.G.Rat **O. Meyer. 2. Aufl. — 1911.** 3,25 ℳ

Nr. **38. Kreis- und Provinzial-Abgabengesetz** vom 23. April 1906. Von Gemeindevorsteher **F. Schmidt. — 1906.** 1,95 ℳ

Nr. **39.** Gesetz, betr. die **Unterhaltung der öffentlichen Volksschulen.** Von Reg.Rat Dr **A. Marcks. — 1906.** 2,90 ℳ

Nr. **40. Verwaltungsstrafverfahren** bei Zuwiderhandlungen gegen die Zollgesetze und indirekte Reichs- und Landesabgaben. Von Dr **R. Katzenstein. — 1907.** 5,20 ℳ

Guttentagsche Sammlung Preußischer Gesetze.

Nr. **41.** Die **preußischen Jagdpolizeigesetze.** Von Wirkl. Geh. Ob.Reg.Rat **F. Kunze** und Rechtsanwalt **R. Kühnemann. 2. Aufl. — 1907.** 5,20 ℳ

Nr. **42.** Die Gesetzgebung über die **Allgemeine Landesverwaltung** und **Zuständigkeit der Verwaltungs- und Verwaltungsgerichtsbehörden.** Von Dr **K. Friedrichs. — 1908.** 4,40 ℳ

Nr. **43.** Gesetz, betr. die **Zulassung einer Verschuldungsgrenze** für land- und forstwirtschaftlich benutzte Grundstücke. Von Syndikus Dr **R. Leweck. — 1908.** 3,40 ℳ

Nr. **44. Quellenschutzgesetz** nebst den Ausführungsbestimmungen. Von Geh. Bergrat **E. Voelkel. — 1909.** 1,60 ℳ

Nr. **45. Rechtsverhältnisse der Juden in Preußen.** Von Rechtsanwalt Dr **M. Kollenscher. — 1910.** 3,40 ℳ

Nr. **46.** Gesetz betr. **Austritt aus der Landeskirche** vom 14. Mai 1873. Von Ger.Assessor **H. Caro. — 1911.** 3,40 ℳ

Nr. **47.** Gesetz, betr. die **Feuerbestattung.** Von Amts-G.Rat Dr **W. Lohmann. — 1912.** 2,10 ℳ

Nr. **48. Zweckverbandsgesetz für Groß-Berlin** vom 19. Juli 1911 nebst Abdruck des allgemeinen Zweckverbandsgesetzes. Von den Magistratsräten Dr **L. Brühl**, Dr **K. Gordan** und Stadtrat Dr **W. Ledermann. — 1912.** 5,85 ℳ

Nr. **49. Gesetze gegen die Verunstaltung landschaftlich hervorragender Gegenden** mit Ausf.-Anweisungen. Von Reg.Rat **O. Goldschmidt. — 1912.** 3,40 ℳ

Nr. **50. Gesetz, betr. die Anlegung und Veränderung von Straßen und Plätzen in Städten und ländlichen Ortschaften.** Von Oberlandgerichtsrat **O. Meyer. — 1913.** 4,40 ℳ

Nr. **51. Das preußische Disziplinargesetz für die nichtrichterlichen Beamten** und die Privatdozenten. Von Reg.Rat Dr **E. v. Dultzig. — 1914.** 6,25 ℳ

in den angeführten Preisen enthalten.

Guttentagsche Sammlung Preußischer Gesetze.

Nr. 52. **Preußisches Wassergesetz** v. 7. April 1913. Von den Rechtsanwälten **G. Wulff** und **F. Herold.** — **1913.** 7,15 ℳ

Nr. 53. **Hinterlegungsordnung** v. 21. April 1913. Von Landrichter **Hagemann.** — **1914.** 3,25 ℳ

Nr. 54. Gesetz betr. **Anlegung von Sparkassenbeständen in Inhaberpapieren** nebst Ausf.-Verordnung vom 8. Mai 1913. Von Rechtsanwalt **H. Döhring.** — **1914.** 2,90 ℳ

Nr. 55. **Preußisches Wohnungsgesetz** und **Bürgschaftssicherungsgesetz.** Von Hochschulprofessor Dr. jur. **B. Schmittmann.** — **1918.** 6,— ℳ

Nr. 56. **Das preußische Tumultschadengesetz.** Von Justizrat Dr **Bruno Friedländer.** — **1919.** 1,20 ℳ

Nr 57. Gesetz über **Landeskulturbehörden.** Von Geh. Ober-Justizrat **W. Holzapfel.** Im Druck.

---

in den angeführten Preisen enthalten.

Kommentare — Nachschlagebücher.

Die Gerichtspraxis.

In Verbindung mit

Amtsrichter E. Armstroff, Berlin-Lichterfelde, Staatsanwalt Dr E. Falck, Berlin, Kammergerichtsrat M. Gfrörer, Berlin, Amtsrichter W. Häuseler, Berlin-Weißensee, Amtsgerichtsrat G. Krause, Berlin-Tempelhof, Amtsgerichtsrat L. Levy, Charlottenburg, Landrichter Dr M. Nadler, Berlin, Amtsgerichtsrat H. Riesenstahl, Berlin

herausgegeben von

Kammergerichtsrat **Dr. Ernst Pape.**

1914. Gr.-8°. 1326 Seiten. Geb. in Leinen. Preis 25,90 ℳ.

Inhaltsverzeichnis:

Zivilprozeß — Die Zwangsvollstreckung — Konkursrecht — Strafprozeß — Gefängniswesen — Freiwillige Gerichtsbarkeit — Vormundschaftswesen — Nachlaßwesen — Grundbuch- und Katasterwesen — Registerwesen — Justizverwaltung — Sachregister.

Besprechungen aus der Presse:

Der schlichte Titel läßt den reichen Inhalt des umfangreichen Bandes nicht erkennen, der eine zusammenfassende Darstellung des gesamten Gerichtsverfahrens bietet . . .

„Literarisches Zentralblatt für Deutschland."

Schon jetzt wird man sagen dürfen, daß das Werk vor allen anderen bestimmt ist, dem jungen Praktiker ein treuer Berater und Führer zu sein. Die leichtverständliche Schilderung und die übersichtliche Anordnung werden auch die Gerichtsschreibereibeamten sowie strebsame Bürobeamte anziehen. . . .

„Zeitschrift für Rechtspflege in Bayern."

Die einzelnen Abschnitte sind von erfahrenen Fachmännern bearbeitet worden, die die ihnen gestellte Aufgabe in vortrefflicher Weise gelöst haben. . . . . . Auch der gereifte Praktiker wird Anregung und Belehrung aus dem Werke schöpfen.

„Leipziger Zeitschrift für Deutsches Recht"
(Staatsanwaltschaftsrat Kaempffer-Berlin).

Schlagwort-Register

R. = Nummer der Sammlung Deutscher **Reichs**gesetze.
P. = Nummer der Sammlung **Preußischer** Gesetze.
S. = Seite.

Schlagwort-Register. (R. = Reichsgesetz, P. = preuß. Gesetz.)

 7. X. 1919. 6 000.

Papier | Fördert gute Waldnutzung
FSC® C083411

Kolibri 360 GmbH
Ferdinand-Jühlke-Straße 7
99095 Erfurt, Deutschland
produktsicherheit@kolibri360.de